복음의 본질과 생명의 영성

복음의 본질을 깨닫고
생명의 영성을 누리는 성경적 메시지

복음의 본질과 생명의 영성

장영출 목사 지음

나침반

하나님은
모든 사람이
구원을 받으며
진리를
아는 데에 이르기를
원하시느니라

-디모데전서 2:4-

|서문|

복음의 본질과
생명의 영성을
회복합시다!

종교개혁은 말씀회복 운동이었습니다. 그리고 종교개혁자들의 공통된 외침은 오직 성경, 오직 은혜, 오직 믿음이었습니다.

그런데 종교개혁 이후 500여년이 지나고 있는 지금의 기독교 모습은 과연 어떠합니까?

우리는 이 질문에 대하여 진솔한 고민을 할 필요가 있으며 또한 성경적인 대답을 찾아야 합니다.

그리스도인 개인이나 교회가 새롭게 회복될 수 있는 길은 **"성경으로 돌아가야 한다"**(Back to the Bible), **"복음의 본질을 회복해야 한다"**입니다. 이 마음의 외침은 뜻있는 영적 지도자나 믿음의 성도들이 다 함께 갖는 공통된 확신과 의견일 것입니다.

이런 이유에서 필자는 지난 수년 동안 국내외 집회나 세미나에서 가르쳐오던 복음 메시지를 정리하고 종합해서 이 책을 발간하게 되었습니다.

이 작은 한 권의 책이 성경이 말하고 있는 복음의 모든 내용을 다 담을 수는 없겠으나 우리 모두가 반드시 깨닫고 누리며 나눠야 하는 필수적인 몇 가지 주제를 정리한 것입니다.

그리고 이 책이 개인의 영성 회복은 물론 각종 소그룹 모임에서 생명의 영성이 흐르는 제자훈련 교재로도 활용할 수 있도록 각장 끝 부분에 「묵상과 나눔」의 내용들이 수록되어 있습니다.

독자들에게 미리 이해를 구하는 것은 각 장의 내용들이 서로 다른 주제이기는 하나 서로가 연관성이 있는 내용들이기에 서술의 표현과 인용 성구들이 종종 중복되어 기록돼 있음을 말씀드립니다.

아무쪼록 이 한권의 책이 이 책을 읽는 모든 독자들로 하여금 복음의 본질을 깨닫고 성경적 삶과 사역이 회복되며 예수생명의 영성을 충만히 누리며 나타낼 수 있기를 바라는 마음 간절합니다.

예수말씀선교회
장영출 목사

| 차례 |

서문 - 복음의 본질/생명의 영성을 회복합시다! • 6

1장 복음의 본질 • 11

2장 십자가의 비밀 • 21

3장 은혜 • 31

4장 믿음 • 43

5장 구원 • 53

6장 거듭남 • 65

7장 옛 사람 처리 • 73

8장 자아 처리 • 83

9장 율법으로부터 해방 • 95

10장 사도 바울의 탄식 • 107

11장 신분과 실제 • 119

12장 옛 언약과 새 언약 • 133

13장 생명의 성령의 법 1 (핵심) • 145

14장 생명의 성령의 법 2 (누림) • 155

15장 생명의 성령의 법 3 (결과) • 167

16장 성령의 가르침을 받는 법 • 179

17장 제자도 • 189

제1장
복음의 본질

복음의 본질

오늘의 기독교가 추구하고 나아가야 할 방향이 무엇일까요?

그것은 무엇보다도 복음의 본질을 회복하고 생명의 영성을 누리며 나타내는 것입니다. 그리스도인 개인의 삶이나 주님의 교회가 회복되고 처음부터 주어진 사명을 가장 효과있게 수행하기 위한 유일한 방법은 성경에서 그 대답을 찾는 것입니다.

"성경으로 돌아가야 한다"

"복음의 본질을 회복해야 한다"

이 마음의 외침은 뜻있는 영적 지도자나 믿음의 성도들이 다 함께 갖는 공통된 확신과 의견일 것입니다. 다시 말하면 성경으로 돌아가 복음의 본질을 회복하는 것이 교회에 주어진 핵심적인 과제가 되는 것입니다. 그렇다면 왜 성경으로 돌아가야 할까요?

그 이유는 오직 성경만이 모든 문제에 대한 대답을 가지고 있기 때문입니다.

"모든 성경은 하나님의 감동으로 된 것으로 교훈과 책망과 바르게 함과 의로 교육하기에 유익하니 이는 하나님의 사람으로 온전하게 하며 모든 선한 일을 행할 능력을 갖추게 하려 함이라"(디모데후서 3:16~17)

성경의 중심은 예수 그리스도 우리 주님이십니다.

"너희가 성경에서 영생을 얻는 줄 생각하고 성경을 연구하거니와 이 성경이 곧 내게 대하여 증언하는 것이니라"(요한복음 5:39)
"오직 이것을 기록함은 너희로 예수께서 하나님의 아들 그리스도이심을 믿게 하려 함이요 또 너희로 믿고 그 이름을 힘입어 생명을 얻게 하려 함이니라"(요한복음 20:31)

신구약 성경 전체에 흐르고 있는 메시지의 중심은 예수 그리스도입니다. 복음의 본질은 성경이 말하고 있는바 예수님 자신입니다. 예수님이 복음이요, 복음은 곧 예수님입니다. 그러므로 복음의 본질은 성경의 중심되시는 예수님께서 이미 하신 일과 지금 하시는 일, 그리고 장차 하실 일이 그 핵심 내용이 되는 것입니다.

이미 하신 일

요한복음 19장 30절에서 예수님께서 말씀하시기를 "다 이루었다"고 하셨는데 이미 다 이루신 일들이 어떤 것일까요?

그것은 십자가를 통해서 이미 이루신 완성된 구원입니다.

"예수는 우리가 범죄한 것 때문에 내줌이 되고 또한 우리를 의롭다 하시기 위하여 살아나셨느니라"(로마서 4:25)

이미 이루어 놓으신 구원의 중심에는 십자가와 부활이 있습니다. 모든 사람이 죄를 범하였으매 하나님의 영광에 이르지 못하게 되었는데(롬3:23), 그러한 죄인을 찾아 성자 예수님께서 성육신하여 이 땅에 오셨습니다. 그리고 천국 복음을 전파하시다가(마9:35) 그 마지막에는 십자가상에서 피 흘려 죽으심으로 죄인인 인간을 대속하여 믿는 사람을 구원의 길로 인도하신 것입니다(엡1:7). 죄의 삯은 사망이므로(롬6:23) 그 사망을 예수님께서 친히 몸으로 대신 받으심으로 이미 죄와 사망을 해결해 놓으셨습니다. 그리고 죽은 지 사흘 만에 부활하심으로 사망을 이기시고 믿는 자에게 영생을 주시고 의롭다 하심을 덧입혀 주신 것입니다. 이 놀라운 일을 하나님의 뜻을 따라 예수님께서 친히 이루어주심으로 예수님은 온 인류에게 구속자요 중보자로서 모든 믿는 사람들의 구주와 주님이 되시기에 넉넉한 분이 되신 것입니다.

지금 하시는 일

예수님께서 십자가에서 죽으시고 부활하심을 통해서 믿는 사람의 구원을 이루시고 영원한 새 생명을 주신 것은 이미 이루신 복음의 핵심입니다.

그러나 그것으로 복음이 끝이 난 것은 아닙니다. 부활하신 주님께서 승천하심으로 보혜사 성령이 오셨으니(요16:7) 지금은 예수님께서 성령을 통해 일하고 계십니다.

"보혜사 곧 아버지께서 내 이름으로 보내실 성령 그가 너희에게 모든 것을 가르치고 내가 너희에게 말한 모든 것을 생각나게 하리라"(요한복음 14:26)

성경은 밝히 말하고 있습니다. 거듭난 그리스도인은 믿을 때 이미 예수님과 함께 십자가에 못 박혀 죽었습니다.

"우리가 알거니와 우리의 옛 사람이 예수와 함께 십자가에 못 박힌 것은 죄의 몸이 죽어 다시는 우리가 죄에게 종 노릇 하지 아니하려 함이니"(로마서 6:6)

옛 사람은 이미 못 박혀 죽었기에 죄로부터 벗어나 해방되었고 의롭다 하심을 얻은 것입니다.

"이는 죽은 자가 죄에서 벗어나 의롭다 하심을 얻었음이라"(로마서 6:7)

이제는 내가 사는 것이 아니고 내 안에 그리스도께서 사시는 것입니다.

"내가 그리스도와 함께 십자가에 못 박혔나니 그런즉 이제는 내가 사는 것이 아니요 오직 내 안에 그리스도께서 사시는 것이라 이제 내가 육체 가운데 사는 것은 나를 사랑하사 나를 위하여 자기 자신을 버리신 하나님의 아들을 믿는 믿음 안에서 사는 것이라"(갈라디아서 2:20)

다시 말하면 예수님께서 이천여 년 전에 나를 대신하여 죽으셨습니다(대행적인 죽음). 그리고 지금은 내 안에서 나를 대신하여 사시는 것입니다(대행적인 삶).

"하나님이 그들로 하여금 이 비밀의 영광이 이방인 가운데 얼마나 풍성한지를 알게 하려 하심이라 이 비밀은 너희 안에 계신 그리스도시니 곧 영광의 소망이니라"(골로새서 1:27)

내 안에 계신 그리스도 - 구주와 주님 되신 그 분이 지금 내 안에서 말씀하시고 가르치시고 또 나를 통해서 나타나시니 이것이 바로 성령의 역사입니다.

영원한 생명을 누리며 그 생명을 나타내며 살게 하시니 곧 생명의 영성을 누리게 하시는 주님의 은혜입니다. 이 놀라운 역사하심을 로마서 8장 2절에서는 「생명의 성령의 법」이라고 말하고 있습니다.

이전에 구속의 일을 완성하신 우리 주님께서 성령의 일하심을 통해서 사람들로 하여금 기록된 성경 말씀을 듣고 깨닫게 하시며 믿고 누리게 하십니다.

장차 하실 일

예수 그리스도 우리 주님께서는 죽으심과 부활하심을 통해서 구속의 은총을 이미 이루어 놓으셨습니다. 또한 지금은 성령의 일하심을 통해서 객관적인 구속의 역사적 사실을 사람들로 하여금 개인적으로 믿고 경험하도록 하십니다. 뿐만 아니라 주님께서는 장차 다시 오실 것을 약속하셨습니다. 이것이 곧 재림의 복음입니다.

"볼지어다 그가 구름을 타고 오시리라 각 사람의 눈이 그를 보겠고 그를 찌른 자들도 볼 것이요 땅에 있는 모든 족속이 그로 말미암아 애곡하리니 그러하리라 아멘"(요한계시록 1:7)

제자들이 쳐다보고 있는 가운데서 하늘로 올리어 가신 예수님께서 (행1:9) 후에 사도 요한을 통해 구름을 타고 다시 오실 것을 약속하셨습니다. 우리 주님께서 다시 오실 때 천년왕국이 이루어지고 그 후에 영원한 나라가 나타날 것입니다.

사실 믿는 자들의 최후 소망은 예수님의 재림입니다. 재림하시는 그 날에 그리스도 예수 안에서 영생을 소유한 모든 사람들은 천국에 들어가도록 구원받게 될 것이니(딤후4:18) 그것이 곧 구원의 완성입니다.

그 날에 주의 나타나심을 사모하는 하나님의 자녀들은 각 사람의 일한 것을 따라서 상을 받게 됩니다.

"보라 내가 속히 오리니 내가 줄 상이 내게 있어 각 사람에게 그가 행한 대로 갚아 주리라"(요한계시록 22:12)

선한 싸움을 싸우고 달려갈 길을 마치고 믿음을 지킨 모든 사람들은 의의 면류관을 받게 됩니다(딤후4:7~8).

복음의 중심되시는 예수님께서 이미 하신 일을 통해서 칭의의 구원을 이루셨습니다. 지금 하고 계신 일을 통해서 성화의 구원을 이루고 계십니다.

장차 하실 일을 통해서 영화의 구원을 이루어 주실 것입니다.

요약하면 예수님의 일하심을 통해서 구원을 이루셨고 또 구원을 이루고 계시며, 그리고 장차 구원을 이루어 주실 것이니 이것이 바로 복음의 핵심이고 본질입니다.

이 복음의 본질을 깨닫고 믿고 누리는 사람이 곧 생명의 영성을 누리고 나타내며 살게 되는 것입니다.

> ▶ 묵상과 나눔
>
> 1. 우리는 왜 성경으로 돌아가야 합니까?
> 2. 성경은 사람에게 어떤 영향을 줍니까?
> 3. 복음의 본질에 대하여 나누어 봅시다.
> 4. 이 시대 교회가 복음의 본질을 회복한다는 의미가 무엇입니까?

제2장
십자가의 비밀

십자가의 비밀

십자가는 은밀한 중에 감추어진 하나님의 비밀이며 지혜입니다. 하나님께서 하시는 일은 참으로 놀랍습니다. 십자가의 비밀을 예수님 시대의 통치자들이 알았더라면 예수님을 십자가에 못 박지 아니하였을 것입니다.

"오직 은밀한 가운데 있는 하나님의 지혜를 말하는 것으로서 곧 감추어졌던 것인데 하나님이 우리의 영광을 위하여 만세 전에 미리 정하신 것이라 이 지혜는 이 세대의 통치자들이 한 사람도 알지 못하였나니 만일 알았더라면 영광의 주를 십자가에 못 박지 아니하였으리라"(고린도전서 2:7~8)

십자가를 통한 하나님의 놀라운 구원 계획을, 사탄을 비롯해 예수님을 십자가에 못 박도록 한 사람들이 알았더라면 결코 예수님을 십자가에 못 박지 않았을 것입니다. 그래서 하나님은 십자가를 통한 인류 구원의 계획을 아무도 모르도록 비밀로 감추어 두었습니다. 참으로 놀라운 하나님의 지혜입니다. 그 결과로, 예수님께서 십자가에 못 박혀 죽으시고 또 부활하심으로 인류 구원의 역사가 성취될 수 있었습니다.

사실상 구약의 예언자들을 통해서 메시야의 고난과 죽으심에 대하여 예언되어져 왔으나 예수님이 바로 예언되어졌던 그 메시야이심을 몰랐습니다. 그런데 성령께서 이 놀라운 비밀을 계시로 보여주심으로 깨달아 알 수 있게 되었으니(고전2:10) 믿는 자에게 주어진 하나님의 은혜입니다. 성령의 계시로 말미암아 십자가의 비밀을 깨닫게 된 사람들에게는 십자가가 더 이상 비밀이 될 수가 없습니다. 성령의 계시로 말미암아 십자가의 비밀을 깨달은 사도 바울에게는 십자가가 사역의 중심이 되어졌습니다.

"내가 너희 중에서 예수 그리스도와 그가 십자가에 못 박히신 것 외에는 아무 것도 알지 아니하기로 작정하였음이라"(고린도전서 2:2)

물론 바울이 전한 메시지의 내용이 십자가만은 아닙니다. 그러나 그가 전한 수많은 가르침의 중심은 십자가였습니다. 바울이 그랬듯이 오늘날 복음을 위해 부름 받은 모든 사람들, 더구나 예수님의 제자들은 십자가를 통해 나타난 복음을 명확하게 증거할 사명을 가진 것입니다. 성경이 가르치고 있는바 십자가의 비밀 즉 십자가를 통해 이루신 구속의 은혜에 대하여 몇 가지로 간략하게 말씀드리고자 합니다.

피는 우리의 죄(범죄)를 사함

"우리는 그리스도 안에서 그의 은혜의 풍성함을 따라 그의 피로 말미암아 속량 곧 죄 사함을 받았느니라"(에베소서 1:7)

한 사람 아담의 범죄로 말미암아 모든 사람이 죄인이 되었으며, 죄인 된 인간은 아담으로부터 물려받은 죄의 본성으로 말미암아 계속 죄를 짓게 됩니다. 그러므로 성경은 "모든 사람이 죄를 범하였으매 하나님의 영광에 이르지 못하게 되었다"(롬3:23)고 말하고 있습니다.

그러나 성경은 말하기를 "예수님의 피가 화목제물이 되어 믿는 자의 모든 죄를 간과해 주셨다"(롬3:25)고 말하고 있습니다. 육체의 생명은 피에 있으므로 "피가 죄를 속한다"(레17:11)고 하였으니 예수님의 피가 우리의 모든 죄를 속한 것입니다.

예수님은 "세상 죄를 지고 가는 하나님의 어린 양"(요1:29)이셨습니다. 그러므로 모든 사람의 죄(범죄의 행위)는 보혈로 말미암아 사함 받을 수 있습니다. 조상이 물려준 헛된 행실에서 대속함을 받은 것은 어린 양 같은 그리스도의 보배로운 피로 말미암은 것입니다.

"너희가 알거니와 너희 조상이 물려 준 헛된 행실에서 대속함을 받은 것은 은이나 금 같이 없어질 것으로 된 것이 아니요 오직 흠 없고 점 없는 어린 양 같은 그리스도의 보배로운 피로 된 것이니라"(베드로전서 1:18~19)

그리스도 예수의 피, 흠 없고 점 없는 어린 양 같은 그리스도 예수 우리 주님의 흘리신 피가 이미 우리의 모든 죄를 사하신 것입니다.
아멘!

십자가의 죽음은 옛 사람을 처리함

혹시 당신은 "그리스도 예수 우리 주님을 믿음으로 말미암아 보혈의 은총을 힘입어 구원은 받았는데 왜 또 죄를 짓게 되는가?"라는 갈등이나 고민을 해본 적이 있습니까?

믿는 자가 죄를 짓게 되는 이유는 무엇일까요?

그것은 죄의 행위, 즉 범죄는 보혈로 처리되었음을 알지만 죄를 짓는 사람 자체도 이미 처리되었다는 사실을 모르기 때문입니다.

알지 못하면 누릴 수도 없습니다. 이것이 바로 옛 사람 처리에 대한 문제입니다. 로마서 6장이 우리에게 가르쳐 주는 바는 죄가 옛 사람을 일터로 하여 우리 몸으로 하여금 죄를 짓도록 하므로 옛 사람을 죽이면 우리 몸은 죄로부터 해방되어 의로운 삶을 살 수 있게 된다는 것입니다.

그런데 여기 놀라운 복음 소식이 있으니 믿는 자는 이미 옛 사람이 예수와 함께 십자가에 못 박혀 죽었다는 사실입니다. 예를 들면 부패된 빵이 처리되었을 뿐만 아니라 그 빵을 만드는 공장도 처리된 것과 같은 것입니다.

"우리가 알거니와 우리의 옛 사람이 예수와 함께 십자가에 못 박힌 것은 죄의 몸이 죽어 다시는 우리가 죄에게 종 노릇 하지 아니하려 함이니"(로마서 6:6)

성경 어디에도 옛 사람을 죽여야 한다고 말한 곳은 없습니다. 믿는 자는 그의 옛 사람이 이미 죽었으므로 죄로부터 자유케 되었으며(죄의 권세로부터 해방), 또한 그리스도 안에서 함께 부활 생명으로 살아났기에 이제는 새 생명으로 살게 된 것입니다.

"그러므로 우리가 그의 죽으심과 합하여 세례(침례)를 받음으로 그와 함께 장사되었나니 이는 아버지의 영광으로 말미암아 그리스도를 죽은 자

가운데서 살리심과 같이 우리로 또한 새 생명 가운데서 행하게 하려 함이라"(로마서 6:4)

이 사실에 대한 내적인 표현이 믿음이며 외적인 표현이 세례(침례)입니다. 예수님의 피는 내 대신 흘리신 것이며 예수님의 십자가는 나와 함께 죽으신 것입니다. 죄(범죄)는 보혈로 처리되었고 옛 사람(거듭나기 전의 나)은 십자가로 처리된 것입니다.

부활하심으로 생명이 넘쳐 흐름

"예수는 우리가 범죄한 것 때문에 내줌이 되고 또한 우리를 의롭다 하시기 위하여 살아나셨느니라"(로마서 4:25)

십자가의 죽음 없이는 결코 부활이 존재할 수 없습니다. 또한 부활이 없다면 십자가의 죽음은 아무런 의미가 없어지고 말 것입니다. 그러므로 십자가의 죽음과 부활은 밀접하게 연결돼 있는 예수님의 구속 사역이었습니다

"내가 받은 것을 먼저 너희에게 전하였노니 이는 성경대로 그리스도께서 우리 죄를 위하여 죽으시고 장사 지낸 바 되었다가 성경대로 사흘 만에

다시 살아나사"(고린도전서 15:3~4)

예수님의 부활하심은 십자가를 통해서 이미 이루어진 구속사역을 하나님께서 받으셨다는 확증이었습니다. 부활로 말미암아 믿는 자는 의롭다하심을 받게 되었으며, 영원한 생명을 가질 수 있게 되었습니다.

"내가 진실로 진실로 너희에게 이르노니 한 알의 밀이 땅에 떨어져 죽지 아니하면 한 알 그대로 있고 죽으면 많은 열매를 맺느니라"(요한복음 12:24)

한 알의 밀이 되신 예수님께서 십자가와 부활의 과정을 통과하심으로 많은 믿는 자들 안에 예수님의 생명과 동일한 생명이 심어져 열매를 맺게 되었습니다.

요한복음 12장 24절의 말씀은 예수님께서 친히 겪으신 과정이며 또한 그 과정을 통해서 예수님의 생명을 갖게 된 그리스도인들의 삶의 방향을 가르쳐주고 있습니다.

십자가에서 예수님과 함께 죽었고, 또 부활하실 때 예수님과 함께 살므로 옛 생명 옛 사람이 끝이 나고, 새 생명 새 사람으로 거듭난 과정이 세례(침례)를 통해서 분명히 표현되어 나타나 있습니다(롬6:4).

십자가는 처음부터 하나님의 지혜로 된 비밀이었으므로 예나 지금

이나 계시를 받은 자 외에는 알 수도 믿을 수도 없습니다. 그러나 성령의 계시로 십자가와 부활을 통해서 이루어진 복음을 알고 믿게 된 하나님의 자녀들은 두 손 들어 하나님께 영광을 올려드리는 것입니다. 할렐루야!

"십자가의 도가 멸망하는 자들에게는 미련한 것이요 구원을 받는 우리에게는 하나님의 능력이라"(고린도전서 1:18)

> ▶ **묵상과 나눔**
>
> 1. 왜 하나님께서는 십자가를 비밀로 감추어 두었었나요?
> 2. 그 비밀을 사람은 어떻게 알 수 있을까요?
> 3. 십자가를 통해서 이미 이루신 일들을 나누어 봅시다.
> 4. 십자가와 부활은 어떤 연관성을 가지고 있을까요?

제3장

은혜

은혜

사람을 향한 하나님의 본심은 무엇일까요?

그것은 은혜입니다. 하나님이 우리를 구원하사 거룩하신 부르심으로 우리를 부르심은 우리의 행위대로 하심이 아니요 그리스도 예수 안에서 우리에게 주신 은혜대로 한 것입니다(딤후 1:9). 은혜로 하시는 하나님의 본심이 구주 예수 그리스도의 나타나심으로 분명히 보여진 것입니다.

모세의 율법은 행위의 법으로써 사람의 행위를 요구하는 것인데 역사상 그 누구도 행위로서는 하나님 앞에 설 수가 없었습니다. 하나님은 처음부터 행위로 말미암지 않고 은혜로 부르셔서 구원하시고 또 은혜로 살 수 있도록 그 뜻을 정하셨으며 그 뜻이 우리 구주 예수님을 통해서 확실하게 나타난 것입니다.

구원은 오직 믿음으로 받습니다. 그러나 구원은 하나님의 사랑에서부터 나오는 은혜입니다. 그러므로 은혜에 대한 깊은 깨달음과 누림은 영적 생활을 위한 기본이요 필수입니다.

'은혜는 하나님의 손이요 믿음은 사람의 손'이란 말이 있습니다. 사람을 향해 하나님께서 베푸시는 모든 것이 은혜이며, 그 은혜를 사람 편에서 받을 수 있는 통로가 믿음이라는 뜻입니다. 물론 그 믿음조차도 알고 보면 하나님의 선물입니다(엡2:8). 그러므로 하나님께서 하시는 일이나 그 일에 대한 사람의 반응 모두가 하나님의 은혜입니다.

은혜의 의미

은혜의 성경적인 의미는 'Unmerited Favor' - 즉 공로 없이 받는, 분에 넘치는 하나님의 총애입니다. 다시 말하면 그 은혜를 받는 사람의 자격이나 행위나 업적과는 전혀 관계없이 주어지는 하나님의 사랑입니다. 은혜에 대한 확실하고도 간단한 설명이 로마서에 잘 나타나 있습니다.

"일하는 자에게는 그 삯이 은혜로 여겨지지 아니하고 보수로 여겨지거니와 일을 아니할지라도 경건하지 아니한 자를 의롭다 하시는 이를 믿는 자에게는 그의 믿음을 의로 여기시나니"(로마서 4:4~5)

그렇습니다.

"일을 아니할지라도"(5절)라는 표현은 은혜에 대한 가르침을 참으로 명확하게 잘 표현해 준 것입니다. 일하는 자에게는 그 삯을 은혜로 여기지 아니하고 보수로 여기게 됩니다(4절). 은혜를 베푸신 하나님은 그 은혜를 받는 우리에게 무엇을 요구하기 위해서 주신 것이 아닙니다. 받을 만한 인간적인 자격이나 종교적인 행위 또는 받는 자의 매력에 관계없이 베푸시는 것이 하나님의 은혜이기에 우리는 다만 선물로 주시는 은혜를 믿음으로 받아 감사하고 누리면 됩니다.

우리가 드리는 모든 드림과 헌신들은 은혜 받은 자로서의 감사와 감격, 그리고 사랑의 표현입니다.

은혜의 종류

하나님께서 인간을 향해 행하시는 모든 일들이 은혜입니다. 구원받는 것이 그렇고, 축복을 받아 누리는 것도 그러하며, 거룩한 삶을 사는 것도, 천국의 소망을 갖는 것도 하나님의 은혜입니다.

사실 우리가 이 세상에 살아가는 그 자체가 하나님의 은혜입니다.

그런데 여기서 우리는 복음적 신앙생활과 관계있는 하나님의 은혜를 몇 가지로 정리해서 살펴보고자 합니다.

1. 구원의 은혜(Saving Grace)

"너희는 그 은혜에 의하여 믿음으로 말미암아 구원을 받았으니 이것은 너희에게서 난 것이 아니요 하나님의 선물이라 행위에서 난 것이 아니니 이는 누구든지 자랑하지 못하게 함이라"(에베소서 2:8~9)

여기에서 구원은 죄 사함 받아 하나님의 자녀가 되는 기본적인 구원입니다. 이 구원은 하나님의 은혜를 인하여 믿음으로 말미암아 받은 것이며 행위로 말미암지 않은 것입니다. 인간이 가진 종교나 세상적인 자격이나 도덕적인 행위가 조금이라도 들어갔으면 은혜가 은혜 될 수 없습니다.

구원은 전적으로 은혜로 주시는 하나님의 선물입니다. 예수님께서 십자가에서 이미 이루어 놓으신 구원이 기록된 말씀과 성령의 조명으로 깨달아지고 믿어지는 것이니 전적으로 하나님의 은혜입니다. 그래서 우리는 이것을 복음이라고 말합니다.

일한 것이 없이 받은 하나님의 은혜 - 사람의 행위나 자격에 전혀 관계없이 다만 믿음으로 받은 구원! 바로 이것이 구원의 은혜입니다.

그러므로 구원받은 그리스도인은 두 손 들어 하나님을 찬양하는 것입니다.

"우리는 그리스도 안에서 그의 은혜의 풍성함을 따라 그의 피로 말미암아 속량 곧 죄 사함을 받았느니라"(에베소서 1:7)

2. 승리의 은혜(Standing Grace)

은혜로 구원받은 그리스도인이 떳떳이 일어서서 승리를 누리며 승리를 노래하며 살아갈 수 있는 것 역시 하나님의 은혜입니다.

"내 아들아 그러므로 너는 그리스도 예수 안에 있는 은혜 가운데서 강하고"(디모데후서 2:1)

믿는 사람이 큰 확신 가운데서 강하고 담대하며 승리의 삶을 살 수 있는 것은 전적으로 하나님의 은혜로 되어 집니다. 이 세상에는 아직도 원수 마귀가 존재하므로 믿는 사람은 영적 전쟁을 계속해 나가야 합니다.

그런데 놀라운 소식은 이 영적 전쟁은 우리 주님께서 이미 십자가와 부활을 통해서 이겨놓은 전쟁을 우리가 치루고 있다는 것입니다. 그러므로 우리가 겪는 이 세상에서의 영적 전쟁은 이미 이긴 것을 확

인하고 선포하는 전쟁입니다. 마치 군인이 고지를 점령 하려고 목숨을 걸고 싸우는 공격하는 전쟁이 아니라 이미 점령해 놓은 고지에서 산 아래를 향하여 이미 승리했음을 선포하는 것과 같습니다.

예수 그리스도 우리 주님으로 말미암아 강하고 담대한 믿음으로 굳게 서서 승리를 선포함으로 날마다 이김을 누리며 살게 됩니다.

그렇습니다. 주 예수 그리스도로 말미암아 믿는 우리에게 날마다 승리를 주시니 바로 하나님의 은혜입니다(고전15:57).

3. 봉사의 은혜(Serving Grace)

모든 그리스도인들은 하나님을 드높이고 주님의 몸 된 교회를 섬기며 모든 사람들을 사랑하는 봉사의 삶을 살도록 부름 받았습니다. 이것 역시 하나님의 은혜입니다.

"그러나 내가 나 된 것은 하나님의 은혜로 된 것이니 내게 주신 그의 은혜가 헛되지 아니하여 내가 모든 사도보다 더 많이 수고하였으나 내가 한 것이 아니요 오직 나와 함께 하신 하나님의 은혜로라"(고린도전서 15:10)

지금 우리가 하고 있는 모든 수고들, 그리고 섬김들은 참으로 하나님의 은혜로 된 것입니다. 심고 드리고 수고하며 섬길 수 있는 기회를 얻은 것이 하나님의 은혜이기에 우리는 어떤 경우에도 나 자신을 자랑할 수가 없습니다. 목회자나 성도들이 주어진 일터와 각각의 분야에서 일하며 봉사할 수 있는 은혜를 주신 하나님을 감사, 찬양할 따름입니다. 어떤 경우에도 교만하거나 자랑할 수 없는 것은 주어진 일 자체가 소명이요 은혜이기 때문입니다.

그러므로 우리는 언제나 감사가 넘치는 마음으로 충성할 따름입니다(고전4:2).

율법과 은혜의 차이

율법은 죄인을 정죄하지만
은혜는 죄인을 용서합니다.

율법은 사람을 저주로 밀어 넣지만
은혜는 사람을 축복으로 밀어 넣습니다.

율법은 이것을 하라 아니면 죽으라고 말하지만
은혜는 이미 다 이루었으니, 믿고 살라고 말합니다.

율법은 가장 훌륭한 사람도 정죄하지만
은혜는 가장 나쁜 사람도 의롭게 합니다.

율법은 빚진 것을 갚으라고 하지만
은혜는 이미 십자가에서 갚아졌다고 합니다.

율법은 죄인 되는 기초를 세우나
은혜는 의인 되는 기초를 세웁니다.

율법은 죄 값은 사망이라고 말하나
은혜는 하나님의 은사는 영생이라고 말합니다.

율법은 죄 지은 영혼은 반드시 죽으리라고 말하나
은혜는 믿는 자는 그 믿음으로 살리라고 말합니다.

율법은 인간의 죄를 드러내고
은혜는 하나님의 사랑을 드러냅니다.

율법은 죄를 알게 하고
은혜는 구원의 사실을 알게 합니다.

율법은 짐을 지워주어 힘들게 하지만
은혜는 진리 안에서 자유롭게 합니다.

율법은 두려움을 일으키나
은혜는 믿음을 일으킵니다.

율법은 돌 판에 기록되었으나
은혜는 마음 판에 기록되었습니다.

율법은 갈보리 산에서 이미 끝이 났으나
은혜는 영원히 존재합니다.

"율법은 모세로 말미암아 주어진 것이요 은혜와 진리는 예수 그리스도로 말미암아 온 것이라"(요한복음 1:17)

율법 곧 가정교사의 인도를 받아 그리스도를 만난 사람은 이미 율법으로부터 완전히 해방 받아 하나님의 은혜 안으로 들어온 것입니다(갈3:23~25).

은혜를 받아 누리는 방법

은혜는 처음 믿을 때 한 번 받음으로 끝나는 것이 아니라 평생토록 매 순간마다 받아 누리며 사는 것입니다.

"우리가 다 그의 충만한 데서 받으니 은혜 위에 은혜러라"(요한복음 1:16)

계속 은혜를 받아 누리는 성경적인 몇 가지 방법을 간단히 제시하고자 합니다.

첫째, 말씀에 대한 풍성한 지식(요8:32).

둘째, 은혜의 보좌 앞에 담대히 나가는 기도(히4:16).

셋째, 주님을 향한 변함없는 사랑(엡6:24).

넷째, 교만하지 않는 겸손(약4:6).

다섯째, 말씀에서 오는 믿음(엡2:8)

하나님의 은혜를 받는 사람의 손이 곧 믿음이기 때문에 더 큰 믿음은 더 많은 은혜를 받아 누릴 수 있게 합니다.

▶ **묵상과 나눔**

1. 은혜의 의미는 무엇일까요?
2. 은혜의 종류에 대하여 나누어 봅시다.
3. 은혜와 율법은 어떻게 다른가요?
4. 어떻게 하면 더 풍성한 은혜를 누릴 수 있을지 각자의 경험과 함께 나누어 봅시다.

믿음

하나님께서 베푸시는 은혜를 받을 수 있는 성경적인 방법은 믿음입니다. 그런 의미에서 은혜가 하나님의 손이라면 믿음은 사람의 손입니다. 그러므로 우리는 은혜에 대한 깨달음과 함께 믿음에 대한 성경적 가르침을 잘 깨달아 알아야 합니다.

옛 언약 율법에서 사람을 판단하는 하나님의 기준은 행함, 곧 행위의 법을 적용합니다(시50:23). 그 행위가 온전해야 하나님 앞에서 의롭게 될 수 있다는 기준은 이 세상 그 어떤 사람도 의롭게 될 수 없다는 의미가 됩니다. 왜냐하면 역사상 단 한 사람도 하나님 앞에서 온전히 행한, 다시 말하면 율법을 다 지킨 사람은 없기 때문입니다(롬 3:20).

그러나 새 언약 아래서는 사람을 판단하는 하나님의 기준은 믿음, 곧 믿음의 법을 적용합니다(롬3:27).

하나님의 은혜로 값없이 의롭다 하심을 얻을 수 있는 것은 오직 믿음으로만 됩니다. 하나님의 은혜의 보좌 앞으로 나갈 수 있는 인간의 방법은 오직 믿음 밖에 없습니다. 그래서 종교 개혁자들의 하나같은 외침은 오직 성경, 오직 은혜, 오직 믿음 이었습니다.

사실상 죄인 된 인간을 향한 하나님의 요구는 오직 믿음 밖에 없습니다. 누구든지 믿기만 하면 하나님 앞으로 나아갈 수 있다는 것 또한 참으로 놀라운 하나님의 은혜입니다.

"믿음이 없이는 하나님을 기쁘시게 하지 못하나니 하나님께 나아가는 자는 반드시 그가 계신 것과 또한 그가 자기를 찾는 자들에게 상 주시는 이심을 믿어야 할지니라"(히브리서 11:6)

하나님을 기쁘시게 할 수 있는 사람의 방법은 오직 믿음입니다.

믿음의 의미

성경 신구약을 통해서 믿음이란 단어는 많이 나타나지만 '믿음' 그 자체의 의미를 설명하고 있는 구절은 오직 히브리서 11장 1절 한 곳에만 있습니다.

"믿음은 바라는 것들의 실상이요 보이지 않는 것들의 증거니"(히브리서 11:1)

신앙생활에 있어서 '바라는 것'은 소중하지만 그것은 소망이지 믿음은 아닙니다. 물론 믿음은 바라는 것, 즉 소망에서부터 출발합니다. 그러나 믿음은 바라는 것들의 '실상'입니다.

'실상'이라는 의미는 바라는 것을 '대신한다'는 뜻으로 실제적으로는 가지고 있지 않지만, 그것에 대한 믿음을 가지고 있다면 그 바라는 것을 이미 가지고 있는 것으로 간주하는 것입니다.

또한 믿음으로 가진 것을 볼 수도 없고 느낄 수도 없다 하더라도 믿음이 그것을 이미 가졌다고 증거해 주는 것입니다.

'실상'이라는 의미가 '집문서'라고도 할 수 있는데, 예를 들어 내가 집을 갖기를 원하는데 한 번도 그 집에 가본 적이 없더라도 그 집의 법적 문서가 내 이름으로 되어 있다면 그 집은 이미 내 것이라고 할 수 있듯이, 믿음 그 자체가 바라는 그것을 이미 소유하고 있는 것과 마찬가지입니다.

또한 '실상'의 의미는 바라는 것을 내 안으로, 그리고 내 것으로 실제화 시킨다는 것입니다.

예를 들어 나에게 만일 눈이 없다면 밖에 있는 빛을 내 안으로 실제화 시킬 수 없을 것입니다. 나에게 귀가 없다면 밖에 있는 소리를 내 안으로 실제화 시킬 수 없을 것입니다. 빛은 눈을 통해서, 소리는 귀를 통해서 내 안으로 실제화 됩니다. 다시 말하면 이 세상에 존재하는 모든 것들은 나의 오관을 통해서 내 안으로 실제화 시킬 수 있습니다.

그러나 영적 세계에 있어서는 하나님께서 은혜로 주시는 모든 것들은 인간의 오관이 아닌 영적 부분 곧 믿음을 통해서 내 안으로, 내 것으로 실제화 시키는 것입니다.

믿음은 바라는 것들의 실상이요 보이지 않는 것들의 증거라 하였으니, 하나님 앞에서 바라는 모든 것들을 믿음으로 내 안으로 실제화 시키며, 실제화 시킨 그것이 오관의 느낌으로 설명되어지지 않더라도 믿음이 그것을 내 것이라고 증명해 주는 것입니다.

믿음의 종류

1. 구원의 믿음과 생활의 믿음

우리는 하나님께서 예수 그리스도를 통해서 이미 이루어 놓으신 완성된 구원, 즉 하나님의 은혜를 믿음으로 내 것으로 받아들이게 됩니다. 은혜를 인한 믿음으로 말미암은 구원입니다(엡2:8). 죄 사함 받아 하나님의 자녀가 되는 구원은 인간의 선행과 관계없이 오직 믿는 자에게 주어지는 하나님의 선물입니다(엡2:9).

그리고 구원받은 사람에게는 받은 구원에 걸맞는 합당한 열매가 나타나는 삶, 곧 행위가 있어야 됨을 성경은 가르치고 있습니다. 성경은 놀랍게도 구원이 믿음으로 되어지는 것처럼 행위, 곧 그리스도인들의 삶도 역시 믿음으로 되어짐을 가르치고 있습니다.

"이는 우리가 믿음으로 행하고 보는 것으로 행하지 아니함이로라"(고린도후서 5:7)

그리스도인의 선한 행실, 즉 거룩한 삶은 믿음으로 되어집니다. 내 안에 계신 그리스도가 나를 통해서 나타나심을 믿기만 하면 나의 의지나 노력이 아닌 그리스도의 나타나심을 통해서 거룩한 삶이 살아지는 것입니다. 이것이 바로 생명의 성령의 법입니다(롬8:2).

2. 느낌의 믿음과 말씀의 믿음

제자 도마는 주님의 부활을 만져보고 느껴질 때 믿겠다고 하는 믿음, 곧 느낌의 믿음을 가졌습니다(요20:24~27). 그러나 아브라함은 하나님의 말씀을 그대로 믿는 말씀의 믿음을 가졌습니다(롬4:17~24).

신앙생활의 초보 단계에서는 어떤 느낌을 통해서 하나님의 은혜를 믿고자 하는 과정이 있기도 합니다. 아브라함 역시 처음부터 온전한 믿음의 사람은 아니었습니다. 그러나 하나님의 약속의 말씀을 듣고 또 듣는 과정을 통해서 느낌이 아닌 오직 말씀만으로도 확신하는 믿음을 갖게 되었습니다.

3. 생각하는 믿음과 행하는 믿음

사람이 믿음이 있노라 하고 행함이 없으면 아무런 유익이 없습니다(약2:14). 온전한 믿음은 믿음이 있노라 하고 생각만 하는 단계가 아니라 말씀에 굳게 서서 그 말씀이 하나님으로부터 왔다는 사실을 믿고 행동으로 옮기는 사람입니다.

'Unction 하면 Action 하라'는 말은 감동이 있을 때 바로 행하라는 의미입니다. 그렇습니다. 믿음이 그의 행함과 함께 일하고 행함으로 믿음이 온전하게 되어집니다(약2:22).

믿음은 들음에서 남

믿음을 갖게 되는 성경적인 원칙과 방법은 무엇일까요?

첫째, 믿음은 말씀을 들을 때에 생깁니다.

"그러므로 믿음은 들음에서 나며 들음은 그리스도의 말씀으로 말미암았느니라"(로마서 10:17)

여기서 말씀을 듣는다는 것은 마음으로 듣는다는 의미입니다. 눈으로 보든지 귀로 듣든지 입으로 읽든지 간에 말씀은 반드시 마음으로 들어야 합니다.

둘째, 마음으로 듣기 위해서는 성령의 가르침이 필요합니다.

"너희는 주께 받은 바 기름 부음이 너희 안에 거하나니 아무도 너희를 가르칠 필요가 없고 오직 그의 기름 부음이 모든 것을 너희에게 가르치며 또 참되고 거짓이 없으니 너희를 가르치신 그대로 주 안에 거하라"(요한일서 2:27)

"보혜사 곧 아버지께서 내 이름으로 보내실 성령 그가 너희에게 모든 것을 가르치고 내가 너희에게 말한 모든 것을 생각나게 하리라"(요한복음 14:26)

성령께서 우리에게 모든 것을 가르치시고 주님께서 이미 말씀하신 것을 생각나게 하지 않으면 말씀을 들어도 내 안에서 믿음이 생길 수가 없습니다. 즉 말씀 안에서 말씀하시고 가르치시는 성령의 사역 - 성령의 가르침을 받는 법을 우리가 잘 이해해야 합니다.

성령의 가르침을 받는 것은 기록된 말씀이 내 안에서 살아 움직이게 하는 방법이며, 생명의 성령의 법으로 살 수 있게 하는 기본 요소입니다. 그럴 때 우리는 실제로 생명의 영성을 누리며 살 수 있게 됩니다.

그렇습니다. 성령의 가르침을 받는 말씀으로 말미암아 믿음이 시작되며 성령의 가르침을 받는 말씀으로 말미암아 믿음이 자랍니다.

"살아 계신 아버지께서 나를 보내시매 내가 아버지로 말미암아 사는 것 같이 나를 먹는 그 사람도 나로 말미암아 살리라"(요한복음 6:57)

그리스도를 먹는 사람, 곧 말씀을 먹는 사람은 그리스도로 말미암아 살게 됩니다. 이것이 곧 믿음의 삶입니다.

"…오직 의인은 믿음으로 말미암아 살리라…"(로마서 1:17)

아멘!

> ▶ **묵상과 나눔**
>
> 1. 은혜와 믿음은 어떤 관계일까요?
> 2. 믿음의 의미는 무엇일까요?
> 3. 믿음의 종류는 어떤 것이 있으며 우리는 어떤 믿음을 추구해야 할까요?
> 4. 믿음이 어떻게 생기는지 각자의 경험과 함께 나누어 봅시다.

제5장

구원

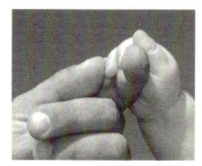

구원

예수님께서 이 땅에 오신 이유와 목적이 무엇일까요?
성경에는 여러 가지로 나타나 있습니다.
"죄에서 구원하시려고"(마1:21)
"마귀 일을 멸하시려고"(요일3:8)
"섬기기 위하여"(마20:28)
"생명을 얻게 하기 위하여"(요10:10)
"영생을 주시기 위하여"(요3:16)… 등등 많은 표현들이 있습니다.
그런데 이 모든 이유와 목적들이 함축되어 표현된 것이 바로 구원입니다.

"인자가 온 것은 잃어버린 자를 찾아 구원하려 함이니라"(누가복음 19:10)

구원의 넓은 의미는 건져냄, 안전, 보존, 치유, 건전함 등 다시 말하면 「비정상적인 상태를 정상적인 상태로 옮겨놓는 것」입니다.

그런데 신약 성경에서 구원을 말할 때는 주로 죄와 연관시켜 표현하고 있습니다. 죄 사함, 죄로부터의 해방 등 죄인이 의롭다함을 입는 것과 의인된 그리스도인이 온전하신 그리스도처럼 살아가는 삶을 말할 때 사용되어졌습니다. 이 모든 것을 더 좁혀서 말한다면 예수님 자신이 곧 구원입니다.

그러므로 예수님이 있으면 구원이 있고 예수님이 없으면 구원이 없습니다.

"예수 있으면 다 있고 예수 없으면 다 없다."

이 말은 참으로 의미심장한 표현입니다. 예수님께서 이 땅에 오신 목적이 잃어버린 자를 찾아 구원하기 위해서 입니다.

예수님이 곧 구원이신데 성경에는 구원의 모습이 시제와 연관해서 세 가지로 나타나 있습니다. 즉 받은 구원, 이루는 구원, 받을 구원 등입니다.

이것을 **구원의 3단계** 또는 **구원의 3측면**이라고 합니다.

받은 구원

이 구원은 그리스도인이 처음 믿을 때 받은 과거의 구원으로서 첫 번째 구원이며 기본구원이기도 합니다. 이 구원은 칭의 구원으로서 죄인이 하나님으로부터 죄 사함과 의롭다 하심을 받게 되며, 거듭나 새 사람 되어 하나님의 자녀로서 새 피조물이 되는 것입니다.

"그런즉 누구든지 그리스도 안에 있으면 새로운 피조물이라 이전 것은 지나갔으니 보라 새 것이 되었도다"(고린도후서 5:17)

죄의 형벌로부터 해방 받는 이 구원은 영의 구원으로서 하나님의 은혜에 의하여 순간적으로 이루어집니다(Justification).

"너희는 그 은혜에 의하여 믿음으로 말미암아 구원을 받았으니 이것은 너희에게서 난 것이 아니요 하나님의 선물이라 행위에서 난 것이 아니니 이는 누구든지 자랑하지 못하게 함이라"(에베소서 2:8~9)

저는 고등학교 시절에 친구의 인도로 교회 출석하기 시작했습니다. 내 나름대로 신실하게 신앙생활을 했으며, 주위 사람들이 칭찬할 정도로 열심도 있었습니다. 공군사관학교 생도 시절에도 기독생도 회장 등을 맡아 모든 일에 앞장서서 최선을 다했습니다. 신앙생활 처음부터 목사가 될 꿈을 가졌으며 사관생도 시절에도 그 꿈은 여전했습니다. 조종사가 되어야 할 사관생도가 목사라는 별명을 들을 정도로 열심있는 신앙생활을 했습니다.

그런데 심각한 문제가 있었습니다. 그렇게 자타가 공인할 정도의 열심있는 기독교인이었지만 문득 돌아보니 제 안에 복음에 대한 깨달음이나 구원의 확신이 없었다는 것을 알게 된 것입니다(지금도 교회 안에 신앙생활을 하면서도 구원의 확신 없는 사람들이 많이 있는 듯 합니다).

그러던 중 신학교 재학 시절 어느 날 작은 성경공부 모임에서 에베소서 2장 8절을 통해서 성령께서 내 마음 속에 구원에 대한 단순한 복음 진리를 깨닫고 믿어지게 하심으로 구원의 확신을 갖게 된 것입니다.

은혜에 의하여 믿음으로 말미암아 받은 구원!

십자가와 부활을 통해서 이미 이루어진 완성된 구원(요19:30), 이 놀라운 구원은 오직 하나님의 은혜요 선물이었습니다. 행위에서 난 것이 아니니(엡2:9) 믿음으로 구원받은 그리스도인은 오직 하나님께 감사와 찬양을 올릴 따름입니다. 죄 사함 받는 구원, 새 생명으로 거듭나는 구원은 오직 하나님의 은혜, 곧 구원의 은혜입니다.

"우리는 그리스도 안에서 그의 은혜의 풍성함을 따라 그의 피로 말미암아 속량 곧 죄 사함을 받았느니라"(에베소서 1:7)

사실상 그리스도의 십자가의 죽으심 - 피 흘리심을 통하여 모든 사람의 죄 문제는 이미 끝났습니다. 그러나 아직 죄인은 존재합니다. 왜냐하면 구속의 은총을 받아들이지 않는, 즉 예수님을 구원의 주님으로 믿지 않기 때문입니다. 그러므로 구원은 오직 하나님의 은혜와 사람의 믿음으로만 되어집니다. 은혜는 하나님의 손이고 믿음은 사람의 손입니다.

십자가 위에서 예수님께서 이미 이루어 놓으신 완성된 구원을 사람이 믿음으로 받아들이는 것 - 이것이 곧 구원받는 유일한 길입니다. 그런데 이 믿음 역시 하나님의 선물입니다.

"너희는 그 은혜에 의하여 믿음으로 말미암아 구원을 받았으니 이것은 너희에게서 난 것이 아니요 하나님의 선물이라"(에베소서 2:8)

결과적으로 구원을 위한 은혜나 믿음 그 모든 것이 하나님으로부터 주어집니다. 예수님은 죽으실 뿐만 아니라 죽은 지 사흘 만에 살아나셨기에(고전15:3~4), 지금 우리가 믿는바 예수님은 생명의 주님이십니다. 그러므로 구원받은 그리스도인은 지금 내 안에 계신 주님을 스스로 알고 영적으로 감각하며 고백할 수 있습니다.

"너희는 믿음 안에 있는가 너희 자신을 시험하고 너희 자신을 확증하라 예수 그리스도께서 너희 안에 계신 줄을 너희가 스스로 알지 못하느냐 그렇지 않으면 너희는 버림 받은 자니라"(고린도후서 13:5)

이루는(누리는) 구원

하나님의 소원은 첫 번째 구원받은 그리스도인은 그 인격과 삶이 그리스도를 닮아 가기를 원하십니다. 이루는 구원은 두 번째 구원으로서 성화구원이라고 하며, 죄의 권세로부터 해방 받는 이 구원은 현재 점진적으로 진행되는 삶의 변화를 말하는 혼의 구원입니다(Sanctification).

"그러므로 나의 사랑하는 자들아 너희가 나 있을 때뿐 아니라 더욱 지금 나 없을 때에도 항상 복종하여 두렵고 떨림으로 너희 구원을 이루라 너희 안에서 행하시는 이는 하나님이시니 자기의 기쁘신 뜻을 위하여 너희에게 소원을 두고 행하게 하시나니"(빌립보서 2:12~13)

빌립보서에서 바울의 편지를 받는 사람들은 분명히 복음을 듣고 구원(첫 번째 구원) 받은 그리스도인들이었습니다. 그러므로 본문에서 "구원을 이루라"고 한 것은 분명히 성화구원 곧 인격과 성품 그리고 삶의 방식이 예수 그리스도 우리 주님을 닮아가라는 메시지입니다. 그런데 이 편지를 받는 사람들에게 "구원을 이루라" 하였는데 사람의 방법과 노력으로는 결코 가능하지 않습니다.

그러면 성화구원을 이룰 수 있는 실제적인 방법은 무엇일까요?

그 대답은 본문에서 말하고 있습니다.

"너희 안에서 행하시는 이는 하나님이시니...."

즉 구원을 이루라고 말씀하신 하나님께서 믿는 자 안에서 그 구원을 이루어 주시겠다고 말씀하신 것입니다. 이것이 바로 「생명의 성령의 법」(롬8:2)입니다.

보혈을 통과한 그리스도인이 정상적인 영적 성장을 통해서 실제적으로 거룩한 삶을 살 수 있게 하는 하나님의 유일한 방법이 바로 생명의 성령의 법입니다. 새 언약이라고도 말할 수 있는 생명의 성령의 법을 깨닫고 누리는 길이 바로 성화구원의 길입니다.

받을 구원

장차 받을 구원은 미래의 구원으로서 우리 주 예수님께서 재림하실 때 경험되어질 것입니다. 구원의 마지막 목표로서 순간적으로 이루어질 구원이며, 주님과 함께 천국에서 살게 될 소망이 바로 이것입니다. 죄의 존재로부터 해방 받을 이 구원은 세 번째 구원으로서 영화

구원이라고 하며 구원의 완성으로서 몸의 구원입니다(Glorification).

"주께서 나를 모든 악한 일에서 건져내시고 또 그의 천국에 들어가도록 구원 하시리니 그에게 영광이 세세무궁토록 있을지어다 아멘"(디모데후서 4:18)

믿는 사람을 그 마음속에 이미 천국이 들어왔고(눅17:21) 또 장차 주님께서 재림하실 때 천국에 들어가게 됩니다. 주님께서 다시 오실 때 우리로 하여금 그의 천국에 들어가도록 구원하실 것이니 그 때 받을 구원입니다.

"보라 내가 속히 오리니 내가 줄 상이 내게 있어 각 사람에게 그가 행한 대로 갚아 주리라"(요한계시록 22:12)

우리가 이 땅에 사는 동안에도 심은 대로 거두게 되지만 믿는 자의 삶의 목표는 주님께서 재림하실 그 날이며 또한 그 날에 받을 상입니다.

첫 번째 구원은 행위와 관계없이 받는 것이지만(엡2:9), 장차 받을 상은 행한 대로, 곧 일한 대로 받게 될 것입니다.

그런데 우리가 반드시 기억해야 될 것은 경기하는 자가 법대로 경기해야 상을 받게 되는데(딤후2:5), 새 언약 아래 있는 우리에게는 오직 한 가지 법이 있으니 그 법이 바로 생명의 성령의 법입니다. 생명의 성령의 법으로 하지 않은 것은 무엇을 할지라도 상을 받는 것에서 탈락되는 것입니다. 그러므로 우리는 그 날의 상을 바라보고 생명의 성령의 법으로 그리스도의 마음을 가지고 충성스럽게 달려가야 합니다. 아멘!

▶ 묵상과 나눔

1. 구원의 넓은 의미와 좁은 의미는?
2. 받은 구원, 이루는 구원, 받을 구원에 대하여 자세하게 나누어 봅시다.
3. 자신의 구원 간증을 정리해서 나누어 봅시다.
4. 신앙생활 하는 사람 중에서도 구원 받지 못한 사람이 있다면 그 이유는 무엇일까요?

제6장
거듭남

거듭남

거듭남의 비밀은 이 세상 어느 종교에도 없는 기독교 복음의 독특한 메시지입니다.

기독교 신앙생활에 있어서 거듭남은 반드시 경험하고 누려야할 복음의 필수 요소입니다. 왜냐하면 거듭나고 거듭나지 않고의 문제는 그리스도인이 될 수 있고 또는 될 수 없고의 문제이기 때문입니다. 만일 어떤 사람이 기독교를 선택하고 교회생활을 한다고 할지라도 거듭나지 못했으면 소위 무늬만의 기독교인은 될 수 있을지라도 참된 그리스도인은 될 수 없습니다.

요한복음 3장에서 예수님께서 니고데모에게 친히 말씀하신 것처럼 사람이 거듭나지 아니하면 하나님의 나라를 볼 수도 없고 들어갈 수도 없습니다. 밤에 예수님을 찾아온 니고데모는 바리새인이었으며 유대인의 지도자였으며 백성의 선생이었습니다. 예수님과의 대화 모습을 보아도 예의바르고 교양 있는 존경받기에 부족함이 없는 사람이었으며 또한 예수님께서 행하시는 표적도 알고 있었습니다. 모든 면에서 자격을 갖춘 니고데모에게 예수님께서 하신 말씀은 "거듭나야 된다"는 것이었습니다.

그렇습니다. 인간적인 자격이나 존경받는 위치 그리고 종교 행위와 관계없이 사람은 누구나가 다 반드시 거듭나야 합니다. 거듭나는 것은 참된 신앙생활의 입문이며 하나님의 자녀로 살아가는 시작입니다.

거듭남의 의미

'거듭난다'는 것은 공간적으로는 '위로부터 곧 하나님께로부터 난다'는 의미이며, 시간적으로는 '다시 새롭게 난다'는 의미입니다. '거듭남' 곧 '다시 남'(Born Again) 혹은 '중생'이란 '하나님으로부터 다시 태어난다'는 의미입니다. 다시 말해서 부모를 통해 육신을 입고 이 세상에 태어난 모든 사람은 영적으로 하나님의 가정에 다시 태어나야 하나님의 자녀가 될 수 있습니다. 그리스도인이 된다는 것은 그 사람의 인격이나 교육 정도나 도덕적인 행위로서가 아니라 다시 태어남으로 되어집니다.

물과 성령으로 거듭남

"예수께서 대답하시되 진실로 진실로 네게 이르노니 사람이 물과 성령으로 나지 아니하면 하나님의 나라에 들어갈 수 없느니라"(요한복음 3:5)

사람이 거듭날 수 있는 성경적인 방법은 물과 성령입니다.
여기서 물은 곧 진리의 말씀으로 볼 수 있습니다.

"이는 곧 물로 씻어 말씀으로 깨끗하게 하사 거룩하게 하시고"(에베소서 5:26)
"그가 그 피조물 중에 우리로 한 첫 열매가 되게 하시려고 자기의 뜻을 따라 진리의 말씀으로 우리를 낳으셨느니라"(야고보서 1:18)
"너희가 거듭난 것은 썩어질 씨로 된 것이 아니요 썩지 아니할 씨로 된 것이니 살아 있고 항상 있는 하나님의 말씀으로 되었느니라"(베드로전서 1:23)

또한 성령은 하나님의 거룩한 영으로서 진리의 말씀을 깨닫고 믿어지게 하는 일을 합니다.

"육으로 난 것은 육이요 영으로 난 것은 영이니"(요한복음 3:6)

육으로 난 것은 자연인으로서 아담으로부터 죄의 본성을 그대로 지니고 있는 사람입니다. 그러므로 육신의 방법은 그 어떤 것으로도 사람을 거듭나게 할 수 없습니다. 오직 성령의 역사만이 사람을 거듭나게 할 수 있습니다.

"내가 아버지께로부터 너희에게 보낼 보혜사 곧 아버지께로부터 나오시는 진리의 성령이 오실 때에 그가 나를 증언하실 것이요"(요한복음 15:26)
"그러나 진리의 성령이 오시면 그가 너희를 모든 진리 가운데로 인도하시리니 그가 스스로 말하지 않고 오직 들은 것을 말하며 장래 일을 너희에게 알리시리라"(요한복음 16:13)
"보혜사 곧 아버지께서 내 이름으로 보내실 성령 그가 너희에게 모든 것을 가르치고 내가 너희에게 말한 모든 것을 생각나게 하리라"(요한복음 14:26)

보혜사 성령께서는 예수님에 대하여 그리고 예수님께서 하신 일을 증언하시고 우리를 진리 가운데로 인도하시며 가르치시고 생각나게 합니다.

그러므로 물과 성령으로 거듭난다는 의미는 사람이 복음의 말씀을 들을 때 성령께서 예수님의 완성된 구원을 가르치시고 믿어지게 한다는 것입니다. 다시 말하면 말씀과 성령의 역사를 통해서 사람은 회개하여 예수님을 구주와 주님으로 영접하게 되며 그 순간에 하나님의 생명이 사람의 영 안에 심어지게 되어 거듭나게 되는 것입니다.

믿음으로 거듭남

예수님께서 니고데모에게 거듭남의 비밀을 가르치시면서 모세가 광야에서 놋뱀을 만들어 장대 위에 높이 달 때 뱀에 물린 자가 그 놋뱀을 쳐다볼 때 살 수 있었던 사건을 말씀하셨습니다(민21:6~9, 요3:14). 이 말씀을 하시면서 십자가에 높이 달리실 인자(예수님 자신)에 대하여 가르치셨습니다.

"이는 그를 믿는 자마다 영생을 얻게 하려 하심이니라 하나님이 세상을 이처럼 사랑하사 독생자를 주셨으니 이는 그를 믿는 자마다 멸망하지 않고 영생을 얻게 하려 하심이라"(요한복음 3:15~16)

요한복음 3장에서 거듭남에 대한 말씀을 설명하시고 그 결론은 예수님께서 십자가 위에서 이루시게 될 일과 오직 믿음으로 영생을 얻을 수 있다는 말씀을 하셨습니다.

영원한 생명을 주셔서 거듭나게 하시는 은혜는 하나님의 사랑에서 출발합니다. 그 사랑의 핵심은 독생자 예수님의 성육신과 십자가를 통해서 이루시는 '죄 사함' 곧 '구원의 은혜'입니다. 그리고 그 은혜를 받게 되는 유일한 방법은 믿음입니다.

결론적으로 사람을 거듭나게 하기 위한 모든 준비는 하나님의 사랑으로 말미암은 예수 그리스도 우리 주님의 십자가 사역을 통해서 이미 이루어져 완성되었습니다. 그리고 완성된 구원의 복음을 기록된 말씀을 통해서 사람이 듣는 중에 성령께서 일하심으로 말미암아 깨닫고 회개하여 믿어지게 됩니다.

죽으시고 부활하신(고전15:3,4) 예수님께서 사람 안에 들어오실 때 영원한 생명이 사람의 영 안에 심어지게 되고, 그 순간에 옛 생명 옛 사람은 끝이 나고 새 생명 새 사람으로 바뀌게 됩니다. 이것이 바로 거듭남이요 하나님의 자녀가 되는 것입니다.

"영접하는 자 곧 그 이름을 믿는 자들에게는 하나님의 자녀가 되는 권세를 주셨으니"(요한복음 1:12)

> ▶ **묵상과 나눔**
>
> 1. 거듭남의 의미는?
> 2. 물과 성령은 무엇이며, 그 각각의 역할은 무엇인가요?
> 3. 나는 어떻게 거듭났는지 그 경험을 나누어 봅시다.
> 4. 다른 사람의 거듭남을 위해서 우리는 무엇을 도와줄 수 있나요?

제7장 옛사람 처리

옛 사람 처리

 믿음으로 구원받은 그리스도인에게 옛 사람 처리(죽음)에 대한 깨달음과 확신은 정상적인 영적 성장을 위해서 참으로 중요한 주제입니다. 왜냐하면 옛 사람 처리는 죄로부터의 해방과 율법으로부터의 해방을 누리는 것과 관계되어지기 때문입니다. 옛 사람 처리에 대한 깨달음과 확신이 없으면 죄로부터 그리고 율법으로부터의 해방을 알지도 누릴 수도 없습니다. 사탄이 믿는 자들에게 이미 이루어진 사실을 알지 못하도록 속임으로 아직도 죄로부터 그리고 율법으로부터 해방을 누리지 못하는 사람들이 많다는 것은 참으로 안타까운 일입니다.

 "죄가 더한 곳에 은혜가 더욱 넘친다"(롬5:20)라고 말할 때 사람들의 반응은 "그렇다면 은혜를 더 하게 하려면 더 많은 죄를 지으면 되겠다" (롬6:1)고 말하게 될 것입니다.

이 문제에 대한 성경의 대답은 "그럴 수 없느니라. 죄에 대하여 죽은 우리가 어찌 그 가운데 더 살리요"(롬6:2)라고 말하면서 로마서 6장에서는 옛 사람 처리 곧 옛 사람의 죽음에 대해서 가르치고 있습니다.

옛 사람의 의미

첫 사람 아담이 하나님의 말씀(창2:16~17)에 불순종(창3:6)함으로 죄인이 되었고 그 한 사람 아담의 범죄로 말미암아 아담의 후손으로 태어난 모든 사람이 죄인으로 태어났습니다(롬5:19). 그 결과 죄인 된 모든 사람의 영 안에 아담으로부터 내려오는 죄의 본성이 자리 잡게 되었으니 죄의 본성으로 가득 찬 죄인을 옛 사람이라고 말합니다. 다시 말하면 거듭나기 전 사람, 곧 죄와 허물로 죽어있는 사람으로서 공중의 권세 잡은 자를 따르며 본질 상 진노의 자녀입니다(엡2:1~3).

옛 사람에게는 아직 그리스도가 없기 때문에 의의 본성은 전혀 없고 죄의 본성으로만 가득 차 있습니다. 그리고 죄가 죄의 본성으로 가득 찬 옛 사람을 일터로 삼아 사람으로 하여금 죄를 짓게 하기에 옛 사람은 곧 죄의 일터가 되는 것입니다.

옛 사람 처리(죽음)

예수님의 보혈을 통해 죄 사함 받은 그리스도인은 죄로부터 해방을 받아 죄의 권세로부터 자유함을 누리게 되어 있습니다. 따라서 죄를 짓지 않는 것이 정상적인 삶이 됩니다.

그런데 십자가와 부활 사건을 통해 사탄이 완전히 패배한 존재가 되었으나 지금도 속이고 미혹하는 자(딤전4:1)로 활동하기에 죄는 여전히 존재합니다. 그러므로 죄로부터 해방 받을 수 있는 유일한 길은 죄가 일터로 삼고 있는 옛 사람을 죽이는 것입니다.

옛 사람 처리(죽음)에 대한 성경의 가르침은 어떤가요?

많은 그리스도인들이 이런 저런 방법을 동원해 보지만 옛 사람은 여전히 내 안에서 꿈틀거리는 듯 하여 심각한 갈등을 겪고 있습니다. 그래서 죄로부터 완전한 해방을 누리는 그리스도인이 극히 적다는 것은 참으로 안타까운 일입니다.

그렇다면 옛 사람을 처리하는, 즉 옛 사람을 죽이는 방법에 대하여 성경은 무엇이라고 말하고 있나요? 여기서 우리가 확실히 알아야 할 것은 성경 어디에도 옛 사람을 죽이라든지 죽여야 한다고 말하는 곳은 없습니다.

"우리가 알거니와 우리의 옛 사람이 예수와 함께 십자가에 못 박힌 것은 죄의 몸이 죽어 다시는 우리가 죄에게 종 노릇 하지 아니하려 함이니 이는

죽은 자가 죄에서 벗어나 의롭다 하심을 얻었음이라"(로마서 6:6~7)

성경은 밝히 말하고 있습니다.

우리의 옛 사람이 예수와 함께 십자가에 못 박혀 이미 죽었다는 것을…… 그리고 죄에서 벗어났다는 것을…… 그렇습니다. 죄의 본성으로 가득 찬, 그리고 죄의 일터가 되는 옛 사람은 십자가 위에서 예수님과 함께 이미 못 박혀 죽었습니다. 믿는 자는 옛 사람을 죽이는 것이 아니라 이미 죽었다는 사실을 받아들이면 됩니다.

성경이 죽었다고 말하면 그것은 죽은 것입니다. 사람이 어떤 느낌이나 이성적인 이론을 따르지 않고 성경으로 돌아가 그 말씀을 받아들이는 것이 복음적 신앙입니다.

믿는 자의 옛 사람이 예수님과 함께 십자가에서 죽었다는 사실을 어떻게 이해하면 좋을까요?

예를 들어 여기 종이 한 장이 있습니다. 그 종이 위에 '나'라는 글자가 쓰여져 있다고 하면 내가 그 종이를 찢게 되면 종이만 찢는데 '나'라는 글자도 함께 찢어지게 됩니다.

그렇습니다. 예수님께서 혼자 찢어지실 때 나도 함께 찢어졌으며, 혼자 죽으실 때 나도 함께 죽었습니다. 옛 사람은 십자가 위에서 이미 처리 되었습니다. 예수님과 함께 이미 죽었습니다. 주님께서 그렇게 하셨습니다.

아멘! 할렐루야!

교체의 원리

"그러므로 우리가 그의 죽으심과 합하여 세례(침례)를 받음으로 그와 함께 장사되었나니 이는 아버지의 영광으로 말미암아 그리스도를 죽은 자 가운데서 살리심과 같이 우리로 또한 새 생명 가운데서 행하게 하려 함이라"(로마서 6:4)

세례(침례) 받는 모습을 한 폭의 그림처럼 상상해 봅시다.

물속으로 완전히 잠길 때 그리스도와 함께 죽어서 무덤 속으로 이미 장사된 것이며, 물에서 올라올 때 부활의 새 생명으로 다시 살게 된 감격적인 모습입니다. 사람을 죽이기 위해서 장사지내는 것일까요? 아니면 죽었으니까 장사 지내는 것일까요? 대답은 지극히 상식적입니다. 그렇습니다. 믿는 자는 이미 십자가에서 예수님과 함께 죽었고 예수님의 부활하심으로 예수님과 함께 살아 이제는 새 생명으로 살게 된 것입니다. 이것이 바로 생명의 교체, 곧 교체의 원리입니다.

옛 생명 옛 사람이 끝이 났고 새 생명 새 사람으로 완전히 교체되었다는 사실 - 이 복음적인 원리가(우리가 믿는바 기독교의 복음이) 세상의 다른 어떤 종교와도 확연히 구별됩니다.

옛 생명 옛 사람을 애무하고 교육하고 수련하며 도를 닦아 변화된 사람으로 만들고자 하는 것은 종교적인 가르침입니다. 그러나 옛 생명 옛 사람을 십자가를 통해 완전히 죽여 버리고 새 생명 새 사람으로 교체하는 것이 복음이요 하나님의 방법입니다.

예수님은 온 인류를 대신해서 죽으시고(대행적인 죽음) 지금은 믿는 자 안에서 대신 살고 계십니다(대행적인 삶). 옛 사람은 죽었고 새 사람이 되었으므로 생명도 옛 생명이 아닌 새 생명으로 바뀌었습니다. 따라서 믿는 자 안에는 죄의 본성은 끝이 났고 하나님의 거룩한 본성으로 바꿔진 것입니다. 생명이 바뀌었으면 본성도 바뀐 것입니다.

우리 주님은 보혈을 통해 죄 사함을 이루실 뿐만 아니라 십자가에서 함께 죽으심을 통해 옛 사람을 처리하는 일까지 다 이루셨습니다. 결과로 죄(범죄)는 용서 받았으며 죄의 권세로부터는 해방 받았으니 참으로 놀라운 복음 소식입니다.

실제화와 누림

그러면 이제 역사적이며 객관적인 사실인 옛 사람의 죽음을 믿는자가 어떻게 자신의 것으로 실제화 시키고 누릴 수 있을까요?

첫째는, 알아야 합니다.

"우리가 알거니와 우리의 옛 사람이 예수와 함께 십자가에 못 박힌 것은 죄의 몸이 죽어 다시는 우리가 죄에게 종 노릇 하지 아니하려 함이니"(로마서 6:6)

알지 못하면 믿을 수도 없고 믿지 않으면 누릴 수도 없습니다. 기록된 말씀 안에서 말씀하시는 성령의 가르침을 통해서 깨달아 알고 또 그것을 받아들이는 것이 곧 믿음입니다. 진리를 알 때 그 진리가 우리를 자유롭게 합니다.

"진리를 알지니 진리가 너희를 자유롭게 하리라"(요한복음 8:32)

둘째는, 여기는 것입니다.

"이와 같이 너희도 너희 자신을 죄에 대하여는 죽은 자요 그리스도 예수 안에서 하나님께 대하여는 살아 있는 자로 여길지어다"(로마서 6:11)

'여긴다'는 말의 의미는 '간주한다'는 뜻으로 그 사실을 믿고 시인하는 것입니다. 옛 사람이 이미 죽었다는 사실을 인간의 이론이나 느낌이 동의하지 않을지라도 그 말씀을 말씀 그대로 믿고 시인하는 일을 계속 할 때 그 사실이 내 안에서 실제화 되어 자리 잡게 되는 것입니다. 성경대로 믿으면 됩니다. 성경대로 말하면 됩니다.

셋째는, 영을 따라 행하는 것입니다.

"육신의 생각은 사망이요 영의 생각은 생명과 평안이니라"(로마서 8:6)

육신을 따르지 않고 영을 따라 행하는 것이 영적으로 성숙한 사람입니다. 그렇게 사는 방법이 곧 생명의 성령의 법입니다. 생명의 성령의 법으로 살게 되면 내 안에 계신 그리스도가 나를 통해 나타나게 되는데 그러한 경험을 하다보면 옛 사람은 이미 죽었고 새 사람으로 살아지고 있음을 경험하게 될 것입니다.

"내가 그리스도와 함께 십자가에 못 박혔나니 그런즉 이제는 내가 사는 것이 아니요 오직 내 안에 그리스도께서 사시는 것이라 이제 내가 육체 가운데 사는 것은 나를 사랑하사 나를 위하여 자기 자신을 버리신 하나님의 아들을 믿는 믿음 안에서 사는 것이라"(갈라디아서 2:20)

나는 이미 그리스도와 함께 십자가에 못 박혀 죽었습니다. 이제는 내 안에 그리스도께서 사십니다. 나는 없습니다. 그리스도만 있습니다.

> ▶ **묵상과 나눔**
>
> 1. 옛 사람의 의미는?
> 2. 옛 사람은 어떻게 처리(죽음)되었습니까?
> 3. 옛 사람 처리로 무엇으로부터 해방 받았습니까?
> 4. 옛 사람이 이미 죽었다는 사실을 어떻게 하면 실제화하고 누릴 수 있습니까?

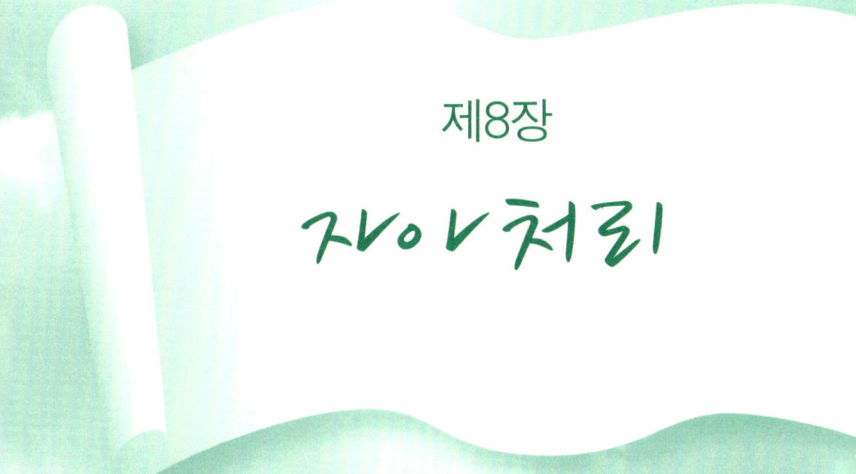

제8장

자아처리

자아 처리

우리는 앞 장에서 옛 사람 처리에 대한 말씀을 나누었습니다.

믿는 사람은 이미 그의 옛 사람이 예수님과 함께 십자가에 못 박혀 죽었습니다. 옛 사람의 죽음에 따라 새 생명으로 바뀌었으며 죄의 본성은 사라졌고 하나님의 거룩한 본성이 들어왔습니다. 이제는 옛 사람이 아닌 완전한 새 사람이 된 것입니다.

"그런즉 누구든지 그리스도 안에 있으면 새로운 피조물이라 이전 것은 지나갔으니 보라 새 것이 되었도다"(고린도후서 5:17)

그런데 이런 메시지를 듣는 대부분의 사람들의 마음에 의구심과 질

자아 처리 85

문이 떠오르게 됩니다.

'옛 사람은 이미 끝이 났고 죄의 본성도 거룩한 본성으로 바뀌었는데 왜 또 죄를 짓게 되는가?'

'인격은 별로 좋아진 것 같지 않고 성품 면에서도 왜 옛날의 성질들이 변화되지 않고 그대로 나타나는가?'

이러한 질문에 대한 성경적인 대답은 참으로 중요할 뿐만 아니라 영성 훈련에 있어서 중요한 과제가 됩니다.

우리는 이러한 질문에 대한 대답을 찾기 위해서 먼저 사람의 구조와 기능에 대하여 생각해 볼 필요가 있습니다.

사람의 구조

"평강의 하나님이 친히 너희를 온전히 거룩하게 하시고 또 너희의 온 영과 혼과 몸이 우리 주 예수 그리스도께서 강림하실 때에 흠 없게 보전되기를 원하노라"(데살로니가전서 5:23)

"하나님의 말씀은 살아 있고 활력이 있어 좌우에 날선 어떤 검보다도 예리하여 혼과 영과 및 관절과 골수를 찔러 쪼개기까지 하며 또 마음의 생각과 뜻을 판단하나니"(히브리서 4:12)

사람의 구조에 대하여는 여러 가지 견해가 있겠으나, 성경적으로 보면 영(spirit)과 혼(soul)과 몸(body)으로 구성되어 있습니다(살전 5:23). 그러므로 사람(진정한 나)은 혼을 가지고 몸 안에 거하고 있는 영이라고 말할 수 있습니다. 영은 속사람으로써 하나님을 만나고 교제하는 영적 역할을 하는 부분이며, 혼은 생각과 마음 곧 지, 정, 의를 포함한 정신세계와 관계되는 부분입니다. 그리고 몸은 사람의 가장 바깥 부분으로서 물질세계를 접촉하는 부분입니다.

그런데 사람의 영은 거듭날 때 온전한 새 영이 되었습니다.

"또 새 영을 너희 속에 두고 새 마음을 너희에게 주되 너희 육신에서 굳은 마음을 제거하고 부드러운 마음을 줄 것이며"(에스겔 36:26)

거듭난 영은 지혜와 의로움과 거룩함과 구원함으로 충만해졌습니다.

"너희는 하나님으로부터 나서 그리스도 예수 안에 있고 예수는 하나님으로부터 나와서 우리에게 지혜와 의로움과 거룩함과 구원함이 되셨으니"(고린도전서 1:30)

또한 하나님의 의로 변화되었습니다

"하나님이 죄를 알지도 못하신 이를 우리를 대신하여 죄로 삼으신 것은

우리로 하여금 그 안에서 하나님의 의가 되게 하려 하심이라"(고린도후서 5:21)

이로 보건대 믿는 자의 영은 새 생명으로 말미암아 하나님의 거룩한 본성으로 변화되었기에 결코 죄를 짓지 않습니다.

"하나님께로부터 난 자마다 죄를 짓지 아니하나니 이는 하나님의 씨가 그의 속에 거함이요 그도 범죄하지 못하는 것은 하나님께로부터 났음이라"(요한일서 3:9)

"하나님께로부터 난 자는 다 범죄하지 아니하는 줄을 우리가 아노라 하나님께로부터 나신 자가 그를 지키시매 악한 자가 그를 만지지도 못하느니라"(요한일서 5:18)

그렇다면 앞에 나타난 문제들의 이유는 무엇일까요?

혼(자아)의 문제

믿는 사람에게 인격이나 성품 그리고 나타나는 삶이 제대로 변화되지 않고 죄가 지어지는 이유는 영에 있지 않고 혼에 있습니다. 사람의 성품이나 기질을 말할 때 그것은 정신세계의 부분으로서 인격 또는 자아라고 말하는 혼에 속한 것입니다. 그러므로 혼의 문제가 처리되면 정상적인 그리스도인의 삶으로 변화될 것입니다. 영은 하나님의 의로 말미암아 살았으나(롬8:10), 마음(혼·자아)은 계속 새롭게 되어야 하는 숙제가 남아 있습니다(롬12:2).

"그러므로 모든 더러운 것과 넘치는 악을 내버리고 너희 영혼을 능히 구원할 바 마음에 심어진 말씀을 온유함으로 받으라"(야고보서 1:21)
"믿음의 결국 곧 영혼의 구원을 받음이라"(베드로전서 1:9)
"사랑하는 자여 네 영혼이 잘됨 같이 네가 범사에 잘되고 강건하기를 내가 간구하노라"(요한3서 1:2)

앞의 성경 구절에 나타나 있는 영혼은 혼을 말하고 있습니다. 영은 거듭남으로 이미 구원받았습니다. 그러나 혼, 곧 인격과 성품은 영적 성장을 통해서 변화 곧 성화의 구원을 이루어가게 됩니다. 이러한 변화는 혼 곧 자아가 처리되므로 가능해집니다.

옥합이 깨어질 때 향유의 향기가 발하게 됩니다(막14:3). 한 알의 밀이 땅에 떨어져 죽을 때 많은 열매를 맺게 됩니다(요12:24). 마찬가지로 혼 곧 자아가 깨어져야 영의 생명이 흘러나오게 됩니다. 그렇게 되면 혼이 영에 순응하는 상태가 됩니다.

그렇다면 혼, 곧 자아가 가지고 있는 문제가 무엇일까요?

"너희는 유혹의 욕심을 따라 썩어져 가는 구습을 따르는 옛 사람을 벗어 버리고 오직 너희의 심령이 새롭게 되어 하나님을 따라 의와 진리의 거룩함으로 지으심을 받은 새 사람을 입으라"(에베소서 4:22~24)

혼, 곧 자아, 다시 말하면 생각과 마음의 변화를 위해서 우리는 앞의 성경 구절을 자세히 고찰해 보아야 합니다. 앞의 구절에서는 옛 사람을 죽이라든지 새 사람이 되어야 한다든지 하는 말은 없습니다. 이미 사람의 속에 있는 옛 사람은 죽었고 새 사람으로 바뀌었기 때문입니다.

그런데 영은 새 사람인데 혼 즉 자아는 영이 거듭나기 전 옛 사람일 때 받은 영향을 통해 구습이 아직도 묻어서 남아있는 것입니다. 이 구습은 유혹의 욕심을 따라 썩어져 가는 옛 사람의 옷입니다. 그래서 성경은 구습을 따르는 옛 사람을 벗어 버리라고 말하고 있습니다.

옛 사람의 옷을 벗어 버리고 그 대신 이미 거듭난 영을 통해서 흘러나오는 의와 진리의 거룩함으로 지으심을 받은 새 사람을 입으라고 말하고 있습니다.

옛 사람의 옷을 벗어 버리고 새 사람의 옷을 입는 방법이 무엇일까요? 앞의 성경 구절에서는 심령을 새롭게 하라고 말하고 있습니다. 즉 마음을 새롭게 변화시키면 자연스럽게 구습의 옛 옷은 벗겨지고 의와 진리의 거룩함으로 지어진 새 옷을 입게 될 것입니다. 그렇다면 열쇠는 마음을 새롭게 하는 것인데 마음이 새로워질 수 있는 성경적인 방법이 무엇일까요?

"살리는 것은 영이니 육은 무익하니라 내가 너희에게 이른 말은 영이요 생명이라"(요한복음 6:63)

"육신의 생각은 사망이요 영의 생각은 생명과 평안이니라"(로마서 8:6)

혼의 구원 곧 생각과 마음을 거룩하게 하기 위해서는 그 어떤 경우에도 육신적인 방법은 무익합니다. 종교적인 수련이나 인간의 의지와 결심을 아무리 동원해도 불가능합니다. 우리의 경험으로 보아도 어느 정도 되는 듯이 보이나 결국은 넘어지고 맙니다. 이것이 바로 인간의 한계이며 또 많은 그리스도인들 까지도 탄식하고 좌절하게 되는 경험입니다.

앞의 성경 구절에서 **"육은 무익하나 영은 살리는 것이니 하나님의 말씀이 곧 영이요 생명이라"**고 말하고 있습니다. 원리와 방법은 간단합니다. 말씀은 생명이며 영의 양식이므로 그 말씀이 영 안으로 들어갈 때 우리의 영은 생명으로 풍성해집니다. 믿는 자의 영이 생명으로 풍성하게 되면 그 생명이 흘러나와 혼을 적시고 또 몸을 적시게 됩니다. 그렇게 되면 흐르는 생명으로 말미암아 혼도 몸도 영 쪽으로 순응하게 됩니다.

결과적으로 영도 혼도 몸도 성령의 지배 아래 놓이게 되어 하나님의 온전한 뜻이 사람을 지배하게 되고 영적으로 변화된 건강한 삶을 살게 됩니다. 이런 상태가 되면 온전한 영과 더불어 믿는 자의 인격과 성품이 예수님처럼 변화되어지기에 죄가 안 지어지며 삶 전체가 온전한 삶으로 바뀌게 됩니다.

이렇게 되어지는 것을 전인구원이라고 말하는데 그렇게 되면 영과 혼과 몸이 흠 없게 보전되어지게 됩니다.

" 평강의 하나님이 친히 너희를 온전히 거룩하게 하시고 또 너희의 온 영과 혼과 몸이 우리 주 예수 그리스도께서 강림하실 때에 흠 없게 보전되기를 원하노라"(데살로니가전서 5:23)

이 모든 과정 역시 하나님의 은혜로 되는 것인데 이렇게 하는 하나님의 일하시는 방법을 「생명의 성령의 법」이라고 합니다.

"하나님의 말씀과 기도로 거룩하여짐이라"(디모데전서 4:5)

믿을 때 거룩하게 된 사람이(신분상의 거룩) 경건의 연습을 통해서 그의 삶이 실제적으로 거룩하게 되어집니다(실제상의 거룩). 믿는 사람은 자아가 처리될 때(깨어질 때) 영으로부터 생명이 밖으로 흘러나와 자연스럽게 거룩한 삶을 살 수 있게 됩니다. **요약하면 자아가 처리된다는 것은 영으로부터 흘러나오는 생명으로 혼이 적셔져 영 안**

의 생명에 속한 모든 것들이 혼을 통해 쉽게 밖으로 나타나는 상태를 말합니다.

> ▶묵상과 나눔
> 1. 옛 사람과 자아는 어떻게 다른가요?
> 2. 옛 사람은 이미 죽었는데 나의 인격과 삶은 왜 쉽게 변화되지 않고 있는가요?
> 3. 혼 곧 자아가 깨어치는 성경적인 방법은 무엇인가요?
> 4. 전인구원에 대하여 나누어 봅시다.

제9장
율법으로부터 해방

율법으로부터 해방

율법으로부터의 해방을 깨달아 알지 못하면 우리의 신앙생활이 영적이 되지 못하고, 율법적이며 육신적인 신앙으로 살게 되며 아무리 힘쓰고 애써도 평생토록 갈등 속에서 헤매게 됩니다.

우리가 율법을 말할 때 크게 나누어 두 가지가 있습니다.

첫째는 모세를 통해서 주어진 모세의 율법입니다(신5:1~2).

둘째는 그리스도께서 주신 그리스도의 율법입니다(고전9:21).

결론부터 미리 말하면 믿음으로 거듭난 그리스도인들은 이미 모세의 율법으로부터 해방 되었으며 그리스도의 율법 안으로 들어온 것입니다.

그런데 심히 안타까운 것은 교회 안에도 율법으로부터의 해방을 알지 못함으로 외형적으로는 열심을 다 하지만 내면으로는 참 평안과 자유를 누리지 못한 채 살아가는 사람들이 많습니다.

율법

율법은 흔히 모세의 율법이라고도 말하는데 대개 구약의 처음 다섯 권을 말합니다.

이 율법은 하나님께서 이스라엘 백성에게 직접 주신 것이 아니요 천사를 통하여 그리고 모세를 통해서 주신 것입니다.

"그런즉 율법은 무엇이냐 범법함으로 더하여진 것이라 천사들을 통하여 한 중보자의 손으로 베푸신 것인데 약속하신 자손이 오시기까지 있을 것이라"(갈라디아서 3:19)

율법은 하나님께서 주신 율례와 법도로서 제사법과 시민법 그리고 도덕법이 되는 십계명으로 구성되어 있는데 그 핵심은 십계명입니다.

율법을 주신 목적

율법은 분명히 하나님의 의도이며 거룩하고 의롭고 선한 것입니다 (롬7:12).

그러면 **율법을 주신 목적**은 무엇일까요?

첫째, 죄를 깨닫고 죄인임을 알게 합니다.

"그러므로 율법의 행위로 그의 앞에 의롭다 하심을 얻을 육체가 없나니 율법으로는 죄를 깨달음이니라"(로마서 3:20)

인류의 조상 아담으로부터 태어난 모든 사람은 죄인이 되었습니다. 율법이 있기 전에도 죄가 세상에 있었으나 율법이 없을 때는 죄를 죄로 여기지 않았습니다.

"죄가 율법 있기 전에도 세상에 있었으나 율법이 없었을 때에는 죄를 죄로 여기지 아니하였느니라"(로마서 5:13)

그러나 사람의 마음에 율법이 비추어질 때 사람 속에 있는 죄를 드러내어 죄인임을 깨닫게 합니다. 때로는 우리가 그런대로 괜찮은 사람으로 생각하고 죄인이 아닌 것처럼 착각할 때 십계명에 기록된 계명

하나 하나가 우리의 죄를 밝히 드러내고 결국 죄인임을 알도록 합니다.

율법은 처음부터 주신 것이 아니라 이스라엘 백성들이 광야에서 범법함으로 더하여진 것으로서 범죄를 폭로함으로 죄인임을 알게 한 것입니다.

둘째, 저주 아래 있는 것을 알게 합니다.

"무릇 율법 행위에 속한 자들은 저주 아래에 있나니 기록된 바 누구든지 율법 책에 기록된 대로 모든 일을 항상 행하지 아니하는 자는 저주 아래에 있는 자라 하였음이라"(갈라디아서 3:10)

율법 책에 기록된 대로 살지 않는 모든 사람은 저주 아래 있으며 그 결과는 사망입니다. 율법 전체를 지키지 못할 때 주어지는 저주는 영적 죽음과 질병과 가난입니다. 율법을 지키지 못하는 사람은 언제나 이러한 저주 아래 있다고 성경은 말하고 있습니다(신27:26). 그러므로 우리가 율법을 통해서 저주 아래 있음을 깨닫고 그 저주로부터 해방되는 길을 찾도록 하는 것이 율법의 목적일진대, 율법을 계속 지키려고 노력하는 것은 저주로부터 해방을 누리지 못하게 되는 결과가 됩니다. 율법은 도리어 그렇게 살 수 없음을 가르치기 위하여 주어진 것입니다.

셋째, 그리스도에게로 인도하는 몽학선생의 역할을 합니다.

"믿음이 오기 전에 우리는 율법 아래에 매인 바 되고 계시될 믿음의 때까지 갇혔느니라 이같이 율법이 우리를 그리스도께로 인도하는 초등교사가 되어 우리로 하여금 믿음으로 말미암아 의롭다 함을 얻게 하려 함이라" (갈라디아서 3:23~24)

갈라디아서에 기록 된 초등교사 곧 몽학선생은 고대 헬라 사회에서 '어린 아이들에게 초등학문을 가르치는 가정교사'로서 노예의 신분이었고 어린 아이들이 어릴 때만 보살피는 한시적인 역할을 하였습니다.

그러므로 율법이 몽학선생이라고 한 까닭은 죄인을 믿음으로 의롭다함을 얻게 하는 그리스도에게로 인도하는 가정교사 역할을 하기 때문입니다. 그리고 그 역할은 믿음으로 그리스도를 만나기까지 한시적입니다. 다시 말하면 그리스도를 만나 의롭게 되고 구원받은 사람은 그 이상 율법이라는 몽학선생 아래 있지 않게 됩니다(갈3:25). 율법으로부터 해방 받게 됩니다.

이토록 율법의 궁극적인 목적은 사람으로 하여금 죄인된 것과 저주 아래 있음을 알게 하여 구주의 필요성을 느끼고 결국 그리스도를 만나도록 인도하는 역할을 감당합니다.

율법으로부터 해방

믿는 자가 율법으로부터 해방 받는 방법에 대하여 로마서 7장에 잘 나타나 있습니다.

"형제들아 내가 법 아는 자들에게 말하노니 너희는 그 법이 사람이 살 동안만 그를 주관하는 줄 알지 못하느냐 남편 있는 여인이 그 남편 생전에는 법으로 그에게 매인 바 되나 만일 그 남편이 죽으면 남편의 법에서 벗어나느니라 그러므로 만일 그 남편 생전에 다른 남자에게 가면 음녀라 그러나 만일 남편이 죽으면 그 법에서 자유롭게 되나니 다른 남자에게 갈지라도 음녀가 되지 아니하느니라 그러므로 내 형제들아 너희도 그리스도의 몸으로 말미암아 율법에 대하여 죽임을 당하였으니 이는 다른 이 곧 죽은 자 가운데서 살아나신 이에게 가서 우리가 하나님을 위하여 열매를 맺게 하려 함이라"(로마서 7:1~4)

여인인 우리가 남편인 율법으로부터 해방 받아 그리스도에게 갈 수 있는 길은 남편인 율법이 죽을 때 가능할 것입니다. 그런데 성경 어디에도 율법이 죽는다든지 없어진다는 말은 없습니다. 그러므로 율법으로부터의 해방은 여인 된 우리가 죽는 길 밖에 없습니다. 그런데 성경이 말하기를 믿는 자는 이미 예수님과 함께 십자가에 못 박혀 죽었다고 말하고 있습니다.

"우리가 알거니와 우리의 옛 사람이 예수와 함께 십자가에 못 박힌 것은 죄의 몸이 죽어 다시는 우리가 죄에게 종 노릇 하지 아니하려 함이니"(로마서 6:6)

율법이 죽은 것이 아니라 내가 죽음으로 율법에서 해방 받았으며 이제 우리는 믿음으로 그리스도에게 가서 열매를 맺게 된 것입니다.

"이제는 우리가 얽매였던 것에 대하여 죽었으므로 율법에서 벗어났으니 이러므로 우리가 영의 새로운 것으로 섬길 것이요 율법 조문의 묵은 것으로 아니할지니라"(로마서 7:6)
"내가 율법으로 말미암아 율법에 대하여 죽었나니 이는 하나님에 대하여 살려 함이라"(갈라디아서 2:19)

율법의 전체적인 요구는 '지키라 아니면 죽으라'입니다. 그런데 그리스도는 율법 아래서 태어나 율법을 행함으로 다 지켰으며, 우리를 위하여 대신 죽어주시고 또 우리도 그와 함께 죽음으로 우리 역시 율법의 요구를 이룰 수 있게 됐습니다. 이렇게 예수님은 율법을 폐하지 않고 완전케 하셨습니다. 우리 주님은 율법을 완전케 하신 후에 또한 십자가로 그 율법을 폐하신 것입니다.

"그는 우리의 화평이신지라 둘로 하나를 만드사 원수 된 것 곧 중간에

막힌 담을 자기 육체로 허시고 법조문으로 된 계명의 율법을 폐하셨으니 이는 이 둘로 자기 안에서 한 새 사람을 지어 화평하게 하시고"(에베소서 2:14~15)

"우리를 거스르고 불리하게 하는 법조문으로 쓴 증서를 지우시고 제하여 버리사 십자가에 못 박으시고"(골로새서 2:14)

결과적으로 믿는 자는 그리스도와 함께 죽음으로서 율법의 요구를 이미 이루었으며 그 결과 율법으로부터 해방을 받았습니다. 우리는 율법에 대하여 이미 죽음으로 율법과의 관계가 끝이 나고 해방 받았으며, 이제는 성령의 인도 따라 살아가면 됩니다.

그리스도의 율법

그렇다면 우리는 흔히 말하는 율법 폐기론자나 도덕 폐기론자 입니까? 또는 무율법자 입니까?

결코 그렇지 않습니다. 율법과 선지자는 요한의 때까지요 그 후부터는 하나님의 나라 곧 그리스도의 복음이 전파된 것입니다(눅16:16). 율법은 약속하신 자손 곧 그리스도가 오시기까지입니다(갈3:19).

그리스도는 이미 오셨습니다. 그러므로 그리스도인들은 모세의 율법으로부터는 이미 해방 받았으며, 이제는 훨씬 더 수준 높은 율법이 있으니 바로 그리스도의 율법입니다.

"율법 없는 자에게는 내가 하나님께는 율법 없는 자가 아니요 도리어 그리스도의 율법 아래에 있는 자이나 율법 없는 자와 같이 된 것은 율법 없는 자들을 얻고자 함이라"(고린도전서 9:21)

모세의 율법으로부터 해방 받은 사람은 그리스도의 율법 아래 있습니다. 예수님은 온전한 삶과 십자가의 죽음을 통해서 율법을 완전케 하셨을 뿐만 아니라 친히 수준 높은 새로운 말씀을 가르침으로 낮은 수준의 율법을 은혜의 복음을 통해서 수준 높게 끌어 올리셨습니다. 이것 역시 불완전한 모세의 율법을 그리스도의 율법으로 완전케 하신 것이며, 산상수훈을 비롯해 신약 구석구석에 기록되어 있습니다. 그리고 그 핵심은 아가페 사랑입니다(요13:34~35).

그리스도의 율법은 그리스도께서 사셨던 삶의 수준이었으며 또한 믿는 자에게 요구하는 삶의 수준입니다. 믿는 우리에게 요구되어지는 율법은 모세의 율법이 아닌 그리스도의 율법입니다. 그런데 그 높은 수준의 삶은 그 누구에게도 불가능합니다. 그러나 그렇게 살 수 있도록 해 주시는 하나님의 방법이 있으니 바로 '생명의 성령의 법'입니다(롬8:2).

"제사 직분이 바꾸어졌은즉 율법도 반드시 바꾸어지리니"(히브리서 7:12)

"그러나 그들의 마음이 완고하여 오늘까지도 구약을 읽을 때에 그 수건이 벗겨지지 아니하고 있으니 그 수건은 그리스도 안에서 없어질 것이라 오늘까지 모세의 글을 읽을 때에 수건이 그 마음을 덮었도다 그러나 언제든지 주께로 돌아가면 그 수건이 벗겨지리라 주는 영이시니 주의 영이 계신 곳에는 자유가 있느니라 우리가 다 수건을 벗은 얼굴로 거울을 보는 것 같이 주의 영광을 보매 그와 같은 형상으로 변화하여 영광에서 영광에 이르니 곧 주의 영으로 말미암음이니라"(고린도후서 3:14~18)

믿는 우리는 율법에서 벗어났으니 이제는 영의 새로운 것(롬7:6) 곧 성령으로 말미암아 그리스도의 율법 수준으로 사는 사람입니다. 이렇게 사는 삶이 생명의 영성을 누리고 나타내는 삶입니다.

> ▶묵상과 나눔
> 1. 모세 율법과 그리스도의 율법은 어떻게 다른가요?
> 2. 하나님은 어떻게 우리를 모세 율법으로부터 해방시켰나요?
> 3. 그리스도의 율법으로 산다는 의미는 무엇입니까?
> 4. 하나님은 어떻게 우리를 높은 수준의 삶을 살도록 하십니까?

제10장
사도바울의 탄식

사도 바울의 탄식

로마서 5장에서는 믿는 자의 신분과 위치에 대하여 말하고 있습니다. 한 사람 아담으로 말미암아 죄인 된 사람이 한 분 예수 그리스도로 말미암아 의인이 된다는 신분 변화와 그 위치가 이제는 아담 안에 있지 않고 예수 그리스도 안에 있다는 것을 가르쳐 줍니다.

"한 사람의 범죄로 말미암아 사망이 그 한 사람을 통하여 왕 노릇 하였은즉 더욱 은혜와 의의 선물을 넘치게 받는 자들은 한 분 예수 그리스도를 통하여 생명 안에서 왕노릇 하리로다 그런즉 한 범죄로 많은 사람이 정죄에 이른 것 같이 한 의로운 행위로 말미암아 많은 사람이 의롭다 하심을 받아 생명에 이르렀느니라 한 사람이 순종하지 아니함으로 많은 사람이

죄인 된 것 같이 한 사람이 순종하심으로 많은 사람이 의인이 되리라"(로마서 5:17~19)

로마서 6장에서는 예수님과 함께 십자가의 죽음을 통하여 옛 사람이 끝났고 이제는 죄로부터 해방되어 의에게 종이 되었음을 가르쳐 줍니다.

"우리가 알거니와 우리의 옛 사람이 예수와 함께 십자가에 못 박힌 것은 죄의 몸이 죽어 다시는 우리가 죄에게 종 노릇 하지 아니하려 함이니… 죄로부터 해방되어 의에게 종이 되었느니라"(로마서 6:6,18)

로마서 7장의 전반부에서는 옛 남편 율법으로부터 해방된 그리스도인이 이제는 영의 새로운 것으로 섬길 것이며 율법 조문의 묵은 것으로 섬기지 아니할 것을 가르치고 있습니다.

"형제들아 내가 법 아는 자들에게 말하노니 너희는 그 법이 사람이 살 동안만 그를 주관하는 줄 알지 못하느냐 남편 있는 여인이 그 남편 생전에는 법으로 그에게 매인 바 되나 만일 그 남편이 죽으면 남편의 법에서 벗어나느니라 그러므로 만일 그 남편 생전에 다른 남자에게 가면 음녀라 그러나 만일 남편이 죽으면 그 법에서 자유롭게 되나니 다른 남자에게 갈지라도 음녀가 되지 아니하느니라 그러므로 내 형제들아 너희도 그리스도의 몸으로 말미암아 율법에 대하여 죽임을 당하였으니 이른 다른 이 곧 죽은 자 가운데서 살아나신 이에게 가서 우리가 하나님을 위하여 열매를 맺게 하려 함이라 우리가 육신에 있을 때에는 율법으로 말미암는 죄의 정욕이 우리 지체 중에 역사하여 우리로 사망을 위하여 열매를 맺게 하였더니 이제는 우리가 얽매였던 것에 대하여 죽었으므로 율법에서 벗어났으니 이러므로 우리가 영의 새로운 것으로 섬길 것이요 율법 조문의 묵은 것으로 아니할지니라"(로마서 7:1~6)

그리고 로마서 7장 후반부에는 사도 바울의 갈등과 탄식이 기록되어 있습니다.

"오호라 나는 곤고한 사람이로다 이 사망의 몸에서 누가 나를 건져내랴" (로마서 7:24)

로마서 7장 후반부의 내용이 사도 바울이 주님을 만나기 전 율법 아래 있을 때의 경험을 말한다고 하는 주장이 있으나, 성경 기록의 흐름이나 문맥으로 보아 사도 바울이 주님을 만난 후에 경험한 과정으로 보는 것이 타당할 것입니다.

사도 바울이 예수 그리스도 안에 있으면서 왜 이토록 치절한 갈등과 탄식으로 헤매게 되었을까요? 사실상 지금도 교회 안에서 하나님의 은혜를 인하여 믿음으로 말미암아 구원은 받았으나 이와 같은 갈등과 탄식으로 어두움을 헤매는 사람들이 많이 있습니다.

사도 바울의 갈등을 요약하면 '죄를 짓지 않고 하나님의 뜻대로 선하게 살려고 그토록 결심하고 노력하지만 왜 그렇게 되어지지 않을까?'하는 탄식일 것입니다.

탄식의 이유

"내가 행하는 것을 내가 알지 못하노니 곧 내가 원하는 것은 행하지 아니하고 도리어 미워하는 것을 행함이라"(로마서 7:15)

믿는 자가 선을 행하는 것 자체는 하나님의 뜻입니다. 그러나 선을 행하려고 하는 인간의 노력은 하나님의 방법이 아닙니다. 왜냐하면 선을 행하고자 하는 인간의 의지나 노력은 언뜻 보기에는 바른 것 같으나 육신의 힘을 사용하는 것이기에 율법적인 신앙생활로 다시 돌아가는 결과가 되기 때문입니다

"육신의 생각은 사망이요 영의 생각은 생명과 평안이니라"(로마서 8:6)

율법은 육신의 힘으로는 하나님의 뜻을 결코 이룰 수 없다는 것을

가르치고 있습니다. 최선을 다하는 인간의 신념이나 노력이 언뜻 보기에는 좋은 듯 하나 영적인 삶에 있어서는 엄청난 지장이 될 수 있습니다. 사도 바울의 탄식은 선을 행하려고 하는 의지와 노력, 다시 말하면 율법적인 신앙생활로 돌아갔기 때문입니다.

선하게 살려고 하는 사람이 노력하면 노력할수록 왜 더 죄를 짓게 될까요? 이 문제에 대하여 하나님은 사도 바울이 경험하는 실패의 과정을 통해서 그 이유를 말씀해 주십니다.

"이제는 그것을 행하는 자가 내가 아니요 내 속에 거하는 죄니라"(로마서 7:17)

거듭난 영은 결코 죄를 짓지 아니하는데(요일3:9, 5:18) 믿는 자가 죄를 짓게 되는 것은 육신 안에 있는 죄가 죄를 짓게 하는 것입니다. 율법으로부터의 해방을 확실히 깨닫고 누리지 못하는 사람은 율법을 지키려는 노력으로 선하게 살려고 하는 의지 때문에 도리어 더욱 더 죄를 짓게 되는 것입니다. 왜냐하면 죄의 권능은 율법이기 때문입니다(고전15:56). 다시 말하면 죄가 율법을 사용하기 때문입니다. 그래서 율법적인 신앙으로 선을 행하려고 할 때마다 죄가 나타나 그 영향을 발휘하기 시작합니다.

법과 법의 문제

바르고 선하게 살고자 하는 인간의 의지가 나타날 때마다 반드시 죄가 나타나 사람으로 하여금 선하게 살지 못하고 죄를 짓게 함으로 이것을 '죄의 법'이라고 말합니다(롬7:21).

법 또는 법칙의 의미는 같은 조건이 주어질 때 언제 어디서나 반드시 같은 현상의 결과가 나타나는 것을 말합니다. 예를 들면 물건을 떨어뜨리면 반드시 땅으로 떨어지게 됩니다. 이런 현상은 시간과 공간을 초월해서 언제 어디서나 같은 현상의 결과가 나타납니다. 그래서 이것을 '만유인력의 법칙' 이라고 말합니다.

로마서 7장 22절부터 23절까지에서 세 가지 법이 있음을 알 수 있습니다. '하나님의 법'과 '마음의 법'과 '죄의 법'입니다. 여기서 '하나님의 법'은 율법을 말하며 마음의 법은 선하게 살고자 하는 인간의 의지를 말합니다. '죄의 법'은 사람으로 하여금 죄를 짓게 하는(범죄케 하는) 근원입니다. 선을 행하느냐? 죄를 짓느냐? 하는 문제는 사실상 법과 법의 다툼입니다.

성경이 말하듯이 속사람(여기서는 사람의 마음-롬7:22,25)은 하나님의 법, 곧 율법을 지켜야 한다는 생각을 하고 그것을 행하는 쪽을 즐거워합니다(사실 이것은 율법으로부터의 해방에 대한 분명한 깨달음이 없기 때문입니다).

그리고 '마음의 법' 곧 선하게 살고자 하는 사람의 의지는 밖으로부터 가르쳐 들어오는 율법과 맥을 같이 함으로 결국 사람의 의지와 율법이 결탁하여 선하게 살기 위한 노력을 하게 됩니다. 이렇게 사는 것이 하나님과 사람 앞에 바르고 열심있는 신앙생활 같으나 사실은 실패의 이유가 됩니다. 왜냐하면 육신 안에는 죄의 법이 있기 때문입니다.

성경이 말하고 있는 것처럼 선하게 살려고 하는 사람의 의지가 움직일 때마다 죄 곧 죄의 법이 나타나 결국은 선하게 살지 못하고 죄를 짓게 하는 것입니다. 그래서 이런 과정을 겪게 되는 사도 바울은 실패로 인한 갈등의 어두움 속에서 '왜 이렇게 안 될까?' 하는 탄식을 토하게 된 것입니다(롬7:24).

그러므로 우리가 선하게 살지 못하고 죄를 짓게 되는 성경적인 이유가 법과 법의 문제라는 것을 알지 못하면 결코 하나님의 뜻을 따라 선하게 살아가는 해결책을 찾을 수 없는 것입니다.

새로운 빛

하나님의 계시로 말미암아 갈등의 이유가 법과 법의 문제라는 것을 알게 된 사도 바울에게 하나님은 계속해서 문제 해결의 방법을 위한 빛을 비추어 주셨습니다.

> "우리 주 예수 그리스도로 말미암아 하나님께 감사하리로다 그런즉 내 자신이 마음으로는 하나님의 법을 육신으로는 죄의 법을 섬기노라"(로마서 7:25)

지금까지의 흐름을 정리해 보면 사람의 마음은 하나님의 법 곧 율법을 지키고자 하고 또 그럴 때마다 육신 안에 있는 죄의 법이 나타나 투쟁을 하는데 결과는 실패할 수밖에 없다는 것입니다. 그런 가운데서 사도 바울은 하나님께서 비추시는 빛을 통하여 감사의 고백을 하게 되는데 우리 주 예수 그리스도에게는 문제에 대한 대답이 있다는 사실을 발견한 것입니다.

첫 번째 구원이 예수 그리스도의 은혜로 된 것처럼 선을 행하는 삶, 즉 성화의 삶도 그 대답이 예수 그리스도에게 있다는 사실을 발견하게 된 것입니다.

갈등과 탄식의 어두움 속에서 헤매고 있는 사도 바울의 처절한 모습을 바라보시던 하나님께서 계속 그냥두지 아니하시고 새로운 빛을 비추셨습니다. 그 빛이 바로 로마서 8장에 나오는 「생명의 성령의 법」(롬8:2)입니다. 사도 바울에게 준 메시지와 깨달음은 사도 바울만이 아니라 오늘에 살고 있는 우리 모두에게 비추시는 빛이요 소망의 메시지입니다. 생명으로 주어지는 하나님의 성품 곧 생명의 영성을 누리고 나타내는 길이 생명의 성령의 법입니다.

오랜 세월동안 로마서 7장을 헤매던 사람들은 로마서 8장에서 나타난 생명의 성령의 법으로 가야 합니다. 우리는 이 책 제 13장에서부터 생명의 성령의 법에 대한 주제를 공부하게 될 것입니다.

> ▶묵상과 나눔
>
> 1. 사도 바울이 탄식하게 되는 과정을 살펴봅시다.
> 2. 인간의 의지와 노력이 결과적으로 왜 실패하게 될까요?
> 3. 법과 법의 문제에 대하여 정리해 봅시다.
> 4. 로마서 7장 마지막 부분에서 8장으로 넘어가는 과정에 대하여 나누어 봅시다.

제11장

신분과 실제

신분과 실제

　신분은 믿는 자의 정체성을 말하고 실제는 믿는 자의 삶을 말합니다. 신분은 믿는 자가 하나님과의 관계에서 얻게 되는 자격이며, 실제는 그 자격에 걸맞는 삶을 말합니다. 단순한 믿음으로 구원받아 하나님의 자녀의 신분을 갖게 되는 것을 신분상의 구원이라고 말하며, 구원받은 하나님의 자녀가 그 신분에 걸맞는 삶을 살아내는 것을 실제상의 구원이라고 말합니다.

　성경의 가르침은 첫째는 "하나님과의 관계를 어떻게 맺을 것인가?" (How to be?) 하는 믿음의 부분과 둘째는 "믿는 자가 그 관계에 걸맞는 바람직한 삶"(How to do?) 즉 행함의 부분이 있습니다.

기독교에 있어서 믿음과 행함의 관계는 신앙생활의 두 수레바퀴와 같습니다.

굳이 따진다면 첫째는 믿음이요, 둘째는 행함입니다. 그러나 이 두 가지가 조화를 이룰 때 정상적인 신앙생활이 됩니다. 우리는 믿는 자의 정체성을 확실히 알고 그 정체성에 걸맞는 삶을 살아내어야 합니다.

신분

한 사람 아담의 범죄로 말미암아 모든 사람이 죄인이 되었습니다. 그러나 한 분 예수 그리스도로 말미암아 믿는 사람은 하나님과 생명의 관계를 갖게 되었습니다.

"한 사람의 범죄로 말미암아 사망이 그 한 사람을 통하여 왕 노릇 하였은즉 더욱 은혜와 의의 선물을 넘치게 받는 자들은 한 분 예수 그리스도를 통하여 생명 안에서 왕노릇 하리로다 그런즉 한 범죄로 많은 사람이 정죄에 이른 것 같이 한 의로운 행위로 말미암아 많은 사람이 의롭다 하심을 받아 생명에 이르렀느니라 한 사람이 순종하지 아니함으로 많은 사람이 죄인 된 것 같이 한 사람이 순종하심으로 많은 사람이 의인이 되리라"(로마서 5:17~19)

예수님의 십자가 죽음을 통해서 아담 안에 있던 어두운 모든 것들이 청산되었으며, 부활의 새 생명을 통해서 하나님의 빛 안에 있는 모든 것들이 믿는 자 안으로 들어왔습니다. 그렇다면 이토록 넘치는 은혜를 받은 그리스도인들의 신분은 무엇일까요?

1. 구속 곧 죄 사함을 받았습니다.

"우리는 그리스도 안에서 그의 은혜의 풍성함을 따라 그의 피로 말미암아 속량 곧 죄 사함을 받았느니라"(에베소서 1:7)

우리가 아직 죄인 되었을 때에 그리스도께서 우리를 위하여 우리 대신 죄인 되어 죽으심으로 우리의 죄 사함을 이루셨습니다

"우리가 아직 죄인 되었을 때에 그리스도께서 우리를 위하여 죽으심으로 하나님께서 우리에 대한 자기의 사랑을 확증하셨느니라"(로마서 5:8)

피 흘림이 없으면 죄 사함도 없는데(히9:22) 그리스도의 피 흘리심으로 우리는 죄 사함을 받았습니다.
"다 이루었다" 말씀하실 때 우리의 구원은 완성되었으니 믿을 때 구속 곧 죄 사함의 구원을 받았습니다. 은혜를 인하여 믿음으로 받은 구원입니다.

"너희는 그 은혜에 의하여 믿음으로 말미암아 구원을 받았으니 이것은 너희에게서 난 것이 아니요 하나님의 선물이라"(에베소서 2:8)

2. 거듭난 생명을 가진 하나님의 자녀가 되었습니다.

"영접하는 자 곧 그 이름을 믿는 자들에게는 하나님의 자녀가 되는 권세를 주셨으니"(요한복음 1:12)

하나님은 우리를 진리의 말씀으로 낳으셨습니다.

"그가 그 피조물 중에 우리로 한 첫 열매가 되게 하시려고 자기의 뜻을 따라 진리의 말씀으로 우리를 낳으셨느니라"(야고보서 1:18)

부모를 통해서 이 세상에 태어난 모든 사람이 부모의 생명을 물려받았듯이 믿는 우리는 물과 성령으로 거듭남을 통해 하나님의 생명을 물려받은 것입니다. 그리스도인이 되는 것은 종교적인 행위로서가 아니라 하나님의 자녀로 태어나야 됩니다. 부모로부터 처음으로 태어난 사람 곧 자연인이었던 우리가 하나님의 자녀로 두 번째 태어남(거듭남)으로 그리스도인이 되었습니다.

3. 믿는 자는 영생을 소유하고 있습니다.

"또 증거는 이것이니 하나님이 우리에게 영생을 주신 것과 이 생명이 그의 아들 안에 있는 그것이니라 아들이 있는 자에게는 생명이 있고 하나님의 아들이 없는 자에게는 생명이 없느니라"(요한일서 5:11~12)

하나님의 생명은 영원한 것 곧 영생입니다. 하나님과 믿는 자의 관계는 바로 생명의 관계입니다. 믿는 사람은 이미 영생을 얻었으며 언제나 그 영생을 소유하고 있습니다.

"하나님이 세상을 이처럼 사랑하사 독생자를 주셨으니 이는 그를 믿는 자마다 멸망하지 않고 영생을 얻게 하려 하심이라"(요한복음 3:16)

복음은 생명입니다. 믿는 자와 믿지 않는 자의 결정적인 차이는 생명의 문제입니다. 하나님으로부터 받은 것이 수 없이 많겠으나 그 가운데 가장 귀하고 영원한 것은 영생입니다.

4. 새로운 피조물이 되었습니다.

"그런즉 누구든지 그리스도 안에 있으면 새로운 피조물이라 이전 것은 지나갔으니 보라 새 것이 되었도다"(고린도후서 5:17)

그리스도인이 되었다는 것은 인격과 삶이 교육이나 수양을 통해서 점점 좋아지는 것을 의미하는 것이 아니라 근본적인 신분의 변화를 말합니다. 개조나 개선이 아니라 생명의 교체입니다(교체의 원리-롬 6:4). 이전 것, 곧 아담 안에서의 나는 끝이 났고 이제는 그리스도 안의 것으로 신분과 위치가 바뀌었습니다. 이제 우리는 하나님 편에서 하나님께서 하신 말씀을 따라 "나는 새 것"이라고 선언해야 합니다. 이것이 바로 믿음의 고백입니다.

5. 성령으로 인치심을 받았습니다.

"그 안에서 너희도 진리의 말씀 곧 너희의 구원의 복음을 듣고 그 안에서 또한 믿어 약속의 성령으로 인치심을 받았으니"(에베소서 1:13)

'인치심을 받았다'는 말은 소유권을 의미합니다.

믿는 우리는 구원의 복음을 듣고 그리스도 안에서 믿음으로 말미암아 영원한 약속을 보증하는 인치심을 받은 것입니다. 우리가 하나님의 은혜를 인하여 믿음으로 말미암아 구원받았을 때 하나님은 우리가 하나님의 영원한 소유라는 의미로 인치시고 그 보증으로 성령을 우리 마음에 부어주셨습니다.

"그가 또한 우리에게 인치시고 보증으로 우리 마음에 성령을 주셨느니

라"(고린도후서 1:22)

6. 의인이 되었습니다.

"그러므로 우리가 믿음으로 의롭다 하심을 받았으니 우리 주 예수 그리스도로 말미암아 하나님과 화평을 누리자"(로마서 5:1)

「의인」이라는 말은 윤리적이거나 행위로서의 뜻이 아니고 하나님과의 관계를 말합니다. 'Right standing with God' 이라는 의미로서 '하나님 앞에 바로 서 있다'는 뜻입니다. 죄인 된 인간은 결코 하나님 앞에 설 수 없는 존재지만 그리스도의 속죄 사역으로 말미암아 보혈로 온전히 죄 사함 받아 바로 서게 됩니다. 하나님은 믿는 우리를 죄인이라 말하지 않고 의인이라고 말합니다. 믿는 사람은 하나님의 의가 된 것입니다.

"하나님이 죄를 알지도 못하신 이를 우리를 대신하여 죄로 삼으신 것은 우리로 하여금 그 안에서 하나님의 의가 되게 하려 하심이라"(고린도후서 5:21)

7. 성자가 되었습니다.

"이 뜻을 따라 예수 그리스도의 몸을 단번에 드리심으로 말미암아 우리가 거룩함을 얻었노라"(히브리서 10:10)

하나님께 드려진 상태를 거룩하다고 말합니다. '거룩하다'는 말은 '구별되었다'는 뜻으로 믿는 사람은 세상 속에 살고 있지만 그 신분이 세상 사람과는 구별된 사람으로서 성자(Saint)가 된 것입니다. 이것 역시 수양이나 훈련으로 되는 것이 아니고 단번에 드리신 그리스도의 피로 말미암은 구속 사역에 의한 신분의 변화입니다.

8. 권세 받은 사람입니다.

"그의 힘의 위력으로 역사하심을 따라 믿는 우리에게 베푸신 능력의 지극히 크심이 어떠한 것을 너희로 알게 하시기를 구하노라"(에베소서 1:19)

모든 권세가 예수님께 주어져 있었습니다. 예수님께서는 그 권세를 몸 된 교회에 위임하셨습니다. 머리가 가진 것은 몸이 가지고 있습니다. 머리 되시는 예수님의 권세는 그의 몸된 교회가 가지고 있습니다. 머리와 몸은 항상 연결되어 함께 있기 때문입니다. 그러므로 몸에 속한 믿는 사람 역시 권세를 가지고 있습니다. 믿는 사람은 이미 그리스도 예수 안에서 그리스도와 함께 하나님 우편에 앉아있습니다.

"주 예수께서 말씀을 마치신 후에 하늘로 올려지사 하나님 우편에 앉으시니라"(마가복음 16:19)

"또 함께 일으키사 그리스도 예수 안에서 함께 하늘에 앉히시니"(에베소서 2:6)

우편은 권세를 상징합니다. 능력 위의 능력이 권세며 또한 능력의 출처가 권세입니다. 믿는 자가 이미 받은 권세를 사용할 때 능력이 나타납니다.

9. 상속자입니다.

"자녀이면 또한 상속자 곧 하나님의 상속자요 그리스도와 함께 한 상속자니 우리가 그와 함께 영광을 받기 위하여 고난도 함께 받아야 할 것이니라"(로마서 8:17)

하나님의 자녀는 영원한 자녀로서의 자격이 있기에 하나님의 것을 이어받을 자격 또한 가지고 있습니다. 그리스도와 함께 상속자가 된 것은 그리스도는 우리의 맏형이시며 모든 믿는 자는 그의 형제가 되기 때문입니다(롬8:29). 이방인들 역시 복음으로 말미암아 주님과 한 가족이 되었으며 같은 상속자가 됩니다

"이는 이방인들이 복음으로 말미암아 그리스도 예수 안에서 함께 상속자가 되고 함께 지체가 되고 함께 약속에 참여하는 자가 됨이라"(에베소서 3:6)

10. 부활의 약속을 받았습니다.

"아담 안에서 모든 사람이 죽은 것 같이 그리스도 안에서 모든 사람이 삶을 얻으리라 그러나 각각 자기 차례대로 되리니 먼저는 첫 열매인 그리스도요 다음에는 그가 강림하실 때에 그리스도에게 속한 자요 그 후에는 마지막이니 그가 모든 통치와 모든 권세와 능력을 멸하시고 나라를 아버지 하나님께 바칠 때라"(고린도전서 15:22~24)

우리의 바라는 것이 다만 이 세상의 삶뿐이면 모든 사람 가운데 우리가 더욱 불쌍한 자가 되고 말 것입니다(고전15:19). 그러나 우리에게는 영광의 소망이 있으니 그리스도께서 강림하시는 그 날에 죽은 자 가운데서 부활하여 영원한 천국에서 주와 함께 살게 될 것입니다.
할렐루야!

실제

지금까지 우리는 믿는 자의 정체성 곧 신분상의 구원을 살펴보았습니다. 믿는 자의 신분은 그리스도로 말미암아 은혜로 주어진 신분이기에 완전하고 어떤 경우에도 변함이 없습니다. 그런데 아직 남아 있는 문제는 그 신분에 걸맞는 삶을 살아내어야 하는 실제상의 구원 곧 행함의 문제입니다.

믿음이 행함으로 나타나는 것 역시 신앙생활에 있어서 중요한 과제입니다.

- 믿음은 구원의 조건이며, 행함은 구원의 결과입니다.
- 믿음은 구원의 뿌리이며, 행함은 구원의 열매입니다.
- 믿음은 사람을 하나님 앞에서 의롭게 하고, 행함은 사람 앞에서 의롭게 합니다.
- 믿음은 사람을 의롭게 하고, 행함은 그 믿음을 의롭게 합니다.

다시 말하면 믿음이 그의 행함과 함께 일하고 행함으로 그 믿음이 온전하게 되는 것입니다.

"네가 보거니와 믿음이 그의 행함과 함께 일하고 행함으로 믿음이 온전하게 되었느니라"(야고보서 2:22)

성화의 구원은 처음 믿을 때 의롭게 되고 거룩하게 된 신분을 가진 그리스도인이 삶의 현장에서 실제적으로 의롭고 거룩하게 살 수 있게 해주시는 하나님의 은혜입니다.

첫 번째 구원이 은혜로 되어진 것처럼 구원받은 그리스도인이 그 신분에 걸맞게 살게 되는 것도 역시 하나님의 은혜로 되어집니다. 이 것이 바로 새 언약을 통해서 하나님께서 이루신 것이며, 그 새 언약(히10:9)을 누리며 나타내게 하시는 하나님의 방법이 생명의 성령의 법(롬8:2)입니다.

새 언약 아래서 생명의 성령의 법을 깨닫고 누리며 나타내는 사람이 곧 생명의 영성 깊은 그리스도인이며 이런 사람이 참된 예수 제자의 삶을 살게 되는 것입니다.

"그의 안에 산다고 하는 자는 그가 행하시는 대로 자기도 행할지니라"
(요한일서 2:6)

> ▶묵상과 나눔
> 1. 신분상의 구원과 실제상의 구원에 대하여 정리해 봅시다.
> 2. 믿는 자는 어떤 신분을 가지고 있나요?
> 3. 기독교에 있어서 행함도 중요하다는 의미가 무엇인가요?
> 4. 믿음과 행함의 관계에 대해서 나누어 봅시다.

제12장
옛 언약과 새 언약

옛 언약과 새 언약

하나님은 언약의 하나님이십니다.

성경은 하나님께서 사람에게 주신 언약의 책입니다. 하나님은 언제나 말씀을 먼저 하시고 하신 말씀을 반드시 이루십니다.

"하나님은 사람이 아니시니 거짓말을 하지 않으시고 인생이 아니시니 후회가 없으시도다 어찌 그 말씀하신 바를 행하지 않으시며 하신 말씀을 실행하지 않으시랴"(민수기 23:19)

"내가 또 내 영을 너희 속에 두어 너희가 살아나게 하고 내가 또 너희를 너희 고국 땅에 두리니 나 여호와가 이 일을 말하고 이룬 줄을 너희가 알리라 여호와의 말씀이니라"(에스겔 37:14)

그러므로 우리는 성경으로 돌아가 말씀 안에서 말씀하시는 성령의 가르침을 통해서 하나님의 언약을 분명히 알아야 합니다.

성경 안에서 보여주신 하나님의 언약은 크게 나누어 두 가지인데, 옛 언약과 새 언약입니다.

옛 언약은 모세를 통해 시내 산에서 주신 행위의 언약(신5:33)이며, 새 언약은 예수 그리스도를 통해서 이루신 복음 곧 믿음의 언약(롬 3:27)입니다.

"너희 하나님 여호와께서 너희에게 명령하신 모든 도를 행하라 그리하면 너희가 살 것이요 복이 너희에게 있을 것이며 너희가 차지한 땅에서 너희의 날이 길리라"(신명기 5:33).

"그런즉 자랑할 데가 어디냐 있을 수가 없느니라 무슨 법으로냐 행위로냐 아니라 오직 믿음의 법으로니라"(로마서 3:27).

옛 언약

모세를 통해 주신 옛 언약은 율법(모세의 율법이라고도 함)인데 사람으로 하여금 반드시 지켜 행하라고 명령합니다.

"모세가 온 이스라엘을 불러 그들에게 이르되 이스라엘아 오늘 내가 너희의 귀에 말하는 규례와 법도를 듣고 그것을 배우며 지켜 행하라 우리 하나님 여호와께서 호렙 산에서 우리와 언약을 세우셨나니 이 언약은 여호와께서 우리 조상들과 세우신 것이 아니요 오늘 여기 살아 있는 우리 곧 우리와 세우신 것이라"(신명기 5:1~3)

이스라엘 백성을 대표로 뽑아 그들에게 준 율법은 사실상 이 세상 모든 사람에게 주어진 것이며 모든 입을 막고 심판 아래 있음을 알게 하려 한 것입니다.

"우리가 알거니와 무릇 율법이 말하는 바는 율법 아래에 있는 자들에게 말하는 것이니 이는 모든 입을 막고 온 세상으로 하나님의 심판 아래에 있게 하려 함이라"(로마서 3:19)

구약의 처음 다섯 권을 율법이라고 말하며 구약 성경 전체가 율법 아래서 기록된 것입니다. 율법은 제사법과 시민법 그리고 도덕법인 십계명으로 되어 있는데 그 중심은 십계명입니다(신5:7~21).
옛 언약 곧 율법을 주신 목적은 죄를 깨닫고 죄인임을 알게 하고(롬 3:20), 죄인이 저주 아래 있음을 알게 합니다.

"무릇 율법 행위에 속한 자들은 저주 아래 있나니 기록된 바 누구든지 율법 책에 기록된 대로 모든 일을 항상 행하지 아니하는 자는 저주 아래에

있는 자라 하였음이라"(갈라디아서 3:10)

그리고 죄인을 그리스도에게로 인도하는 몽학선생으로서의 역할입니다.

"이같이 율법이 우리를 그리스도께로 인도하는 초등교사가 되어 우리로 하여금 믿음으로 말미암아 의롭다 함을 얻게 하려 함이라"(갈라디아서 3:24)

다시 말하면 율법을 주신 목적은 율법의 행위로 말미암아 구원을 받도록 하는 것이 아니라 죄인이 죄인 됨을 알게 함으로 그리스도에게로 나와 믿음으로 말미암아 구원을 얻도록 합니다.
옛 언약 율법은 육신에 속한 계명(히7:16)이므로 율법을 좇아살면 육신을 좇아사는 것이기에 결국은 사망에 이르게되는 것입니다.

"육신의 생각은 사망이요 영의 생각은 생명과 평안이니라"(로마서 8:6)

이 말은 구원받은 그리스도인이라 할지라도 율법으로부터 해방되었다는 사실을 알지 못하여 율법적인 생각을 따라 육신의 힘으로 살게 되면 어두움과 갈등 속에서 헤매게 된다는 것입니다.

"오호라 나는 곤고한 사람이로다 이 사망의 몸에서 누가 나를 건져내랴"
(로마서 7:24)

"지키라 사람이 이를 행하면 그로 말미암아 살리라"(레18:5)라고 명령하는 율법을 이 세상 그 누구도 온전히 지킨 사람은 없었습니다. 이토록 율법 아래서 죄인의 존재로 있는 온 인류에게 주어진 새로운 소식이 바로 예수 그리스도의 복음입니다.

율법 아래서 태어나신 예수님은 행함으로 율법을 온전히 지키셨습니다. 그리고 십자가에 죽으심은 우리를 대신하여 율법의 요구를 이루어주신 것이니 사실상 예수님의 구속 사역은 율법의 요구를 완성하신 것입니다. 이런 과정을 통해서 옛 언약은 끝이 나고 믿는 자는 새 언약 안으로 들어오게 된 것입니다.

"율법과 선지자는 요한의 때까지요 그 후부터는 하나님 나라의 복음이 전파되어 사람마다 그리로 침입하느니라"(누가복음 16:16)

이제는 옛 언약 율법이 끝나고(엡2:15) 예수 그리스도의 새 언약 곧 천국복음이 시작된 것입니다.

"이 때부터 예수께서 비로소 전파하여 이르시되 회개하라 천국이 가까이 왔느니라 하시더라"(마태복음 4:17)

새 언약

새 언약 곧 은혜의 복음은 예수 그리스도의 성육신과 십자가의 죽으심, 그리고 부활하심을 통해서 온 인류를 위한 구속사역을 완성하신 것입니다. 그리고 지금은 말씀과 성령의 일하심을 통해서 믿는 자 안에서 이미 이루신 구속사역을 나타내고 있는 것입니다. 옛 언약은 사람에게 육신의 힘으로 해보라고 말하나 새 언약은 하나님께서 다 해주시겠다고 말하는 것입니다.

사람이 하는 것이 율법이라면 하나님께서 하시는 것은 복음 곧 새 언약입니다.

새 언약에 대한 예언은 이미 구약에서도 나타나 있습니다.

"내가 이 언약과 맹세를 너희에게만 세우는 것이 아니라 오늘 우리 하나님 여호와 앞에서 우리와 함께 여기 서 있는 자와 오늘 우리와 함께 여기 있지 아니한 자에게까지이니"(신명기 29:14~15)

"네 하나님 여호와께서 네 마음과 네 자손의 마음에 할례를 베푸사 너로 마음을 다하며 뜻을 다하여 네 하나님 여호와를 사랑하게 하사 너로 생명을 얻게 하실 것이며"(신명기 30:6)

모세를 통해서 호렙 산에서 율법을 주신 하나님은 사십여 년 후에 모압 땅에서 다시 모세를 통해서 새 언약의 말씀을 주셨습니다(신

29:1). 반드시 지키실 것이라는 맹세로 주신 이 언약(신29:12~15)은 이스라엘 백성뿐만 아니라 온 인류에게 주신 언약이었습니다.

옛 언약에서는 마음을 다하고 뜻을 다하고 힘을 다하여 네 하나님 여호와를 사랑하라(신6:5)고 말씀하신 하나님이 새 언약에서는 하나님 여호와를 사랑할 수 있게 해 주시며 생명을 얻게 해 주실 것(신30:6)이라고 말씀하고 있습니다.

"여호와의 말씀이니라 보라 날이 이르리니 내가 이스라엘 집과 유다 집에 새 언약을 맺으리라 이 언약은 내가 그들의 조상들의 손을 잡고 애굽 땅에서 인도하여 내던 날에 맺은 것과 같지 아니할 것은 내가 그들의 남편이 되었어도 그들이 내 언약을 깨뜨렸음이라 여호와의 말씀이니라 그러나 그 날 후에 내가 이스라엘 집과 맺을 언약은 이러하니 곧 내가 나의 법을 그들의 속에 두며 그들의 마음에 기록하여 나는 그들의 하나님이 되고 그들은 내 백성이 될 것이라 여호와의 말씀이니라"(예레미야 31:31~33)

옛 언약에서 실패한 이스라엘을 향하여 하나님께서는 새 언약을 세울 것이라고 말씀하셨으니 곧 그들 속에 하나님의 법을 기록해 주신다는 것입니다. 이 법이 곧 생명의 성령의 법(롬8:2)인데 성령을 통해서 하나님께서 다 해주시겠다는 것입니다.

히브리서 8장 6절에서부터 10절까지에도 같은 내용으로 기록되어 있는 이 새 언약은 이스라엘뿐만이 아니라 이방인들에게까지 미치는 복음입니다(엡3:6).

"맑은 물을 너희에게 뿌려서 너희로 정결하게 하되 곧 너희 모든 더러운 것에서와 모든 우상 숭배에서 너희를 정결하게 할 것이며 또 새 영을 너희 속에 두고 새 마음을 너희에게 주되 너희 육신에서 굳은 마음을 제거하고 부드러운 마음을 줄 것이며 또 내 영을 너희 속에 두어 너희로 내 율례를 행하게 하리니 너희가 내 규례를 지켜 행할지라"(에스겔 36:25~27)

사람이 할 수 없는 모든 것들을 하나님께서 다 해 주시기로 하시겠다는 약속, 이것이 바로 새 언약이요 복음입니다.

새 언약의 중보자

약속하신 새 언약을 이루신 분이 예수 그리스도 우리 주님이십니다.

"그 후에 말씀하시기를 보시옵소서 내가 하나님의 뜻을 행하러 왔나이다 하셨으니 그 첫째 것을 폐하심은 둘째 것을 세우려 하심이라"(히브리서 10:9)

예수님께서 오신 목적은 하나님의 뜻을 행하시는 것이니 첫째 것 곧 옛 언약을 폐하시고, 둘째 것 곧 새 언약을 세우시는 것입니다. 예수님께서 바로 이 일을 완성하심으로 새 언약의 중보자가 되신 것입니다.

"이로 말미암아 그는 새 언약의 중보자시니 이는 첫 언약 때에 범한 죄에서 속량하려고 죽으사 부르심을 입은 자로 하여금 영원한 기업의 약속을 얻게 하려 하심이라"(히브리서 9:15)

새 언약을 이루신 주님은 진리의 성령을 보내 주셔서 우리를 모든 진리 가운데로 인도하시리니(요16:13) 이것이 바로 지금 믿는 사람 안에서 일하시는 성령의 역사입니다. 그리고 지금 내 안에서 성령이 일하시는 방법이 곧 생명의 성령의 법(롬8:2)입니다. 율법에서 해방된 그리스도인이 영의 새로운 것으로 사는 방법이 생명의 성령의 법이며 곧 새 언약을 누리며 사는 천국복음입니다. 우리는 앞으로 이 주제에 대해서 계속해서 깊이 다루게 될 것입니다.

"그가 또한 우리를 새 언약의 일꾼 되기에 만족하게 하셨으니 율법 조문으로 하지 아니하고 오직 영으로 함이니 율법 조문은 죽이는 것이요 영은 살리는 것이니라"(고린도후서 3:6)

▶ 묵상과 나눔

1. 왜 하나님을 언약의 하나님이라고 합니까?
2. 옛 언약과 새 언약은 어떻게 다른가요?
3. 새 언약의 내용을 정리해 봅시다.
4. 우리가 새 언약의 일꾼이 되었다는 의미는 무엇입니까?

제13장
생명의 성령의 법 ①
(핵심)

생명의 성령의 법 ①
(핵심)

하나님께서 사람을 다스리실 때는 반드시 법을 가지고 일하십니다. 다시 말하면 성경 말씀 안에 이미 정해 놓으신 원리와 원칙을 가지고 일하시는 것입니다.

그런데 성경 전체를 통해 볼 때 하나님의 법은 크게 나누어 두 가지가 있습니다. 왜냐하면 사람의 생명이 두 가지이기 때문입니다.

거듭나지 못한 육신의 생명과 거듭난 하나님의 생명입니다.

육신의 생명을 가진 사람에게 주신 법이 모세의 율법(신5:2)이며, 거듭난 생명을 가진 사람에게 주신 법이 생명의 성령의 법(롬8:2)입니다. 다시 말해서 구원받지 못한 사람은 모세의 율법 아래 있으며 구원받은 사람은 생명의 성령의 법 아래 있습니다.

하나님께서는 그리스도 예수를 중보자로 삼아 새 언약을 이루셨으며(히9:15), 그 새 언약을 따라 살도록 하는 하나님의 방법이 바로 '생명의 성령의 법'입니다. 그리고 생명의 성령의 법을 깨닫고 누리는 사람이 생명의 영성으로 사는 사람입니다. 생명의 영성은 하나님의 생명을 소유한 그리스도인이 그 생명이 자람으로 말미암아 풍성한 생명으로 그리스도의 성품을 나타내며 그리스도처럼 사는 삶을 말합니다(요일2:6). 그런 사람은 그리스도의 율법(고전9:21) 수준의 높은 삶을 살 수 있게 됩니다.

"이는 그리스도 예수 안에 있는 생명의 성령의 법이 죄와 사망의 법에서 너를 해방하였음이라"(로마서 8:2)

우리는 로마서를 성경 중의 성경이라고 말하며 로마서 8장은 성경 전체의 봉우리라고 말할 수 있는데, 로마서 8장 2절은 참으로 빛나는 보석과 같은 메시지입니다.

로마서 7장의 마지막 부분에서 우리는 법과 법의 문제를 다루었습니다. 율법과 맥을 같이 하는 인간의 선한 의지 곧 마음의 법으로 바로 살고자 할 때 죄의 법이 나타나 죄와 사망으로 끌고 가기에 사도 바울은 크게 갈등하고 탄식했습니다.

로마서 7장에서 어두움을 헤매고 있는 사도 바울에게 하나님께서 새로운 빛을 비추어 주셨으니 바로 로마서 8장에서 나타난 생명의 성령의 법입니다. 그런데 참으로 안타까운 것은 구원받은 사람들중에도 대부분의 사람들이 아직도 로마서 7장을 헤메고 있습니다.

그러므로 우리는 이제 로마서 7장에서 8장으로 넘어가야 합니다. 로마서 8장에는 생명의 성령의 법을 비롯해 성령의 일하심에 대한 기록으로 가득 차 있습니다.

생명의 성령의 법의 의미는 믿는 자가 그리스도 예수 안에서 성령의 일하심을 통해서 하나님의 생명을 누리며, 그 생명을 나타내며 살도록 하는 하나님의 원리와 방법입니다.

죄와 사망의 법은 사람으로 하여금 죄를 짓게 하여 사망으로 끌고 가는 사탄의 방법입니다. 그런데 생명의 성령의 법은 죄와 사망의 법을 이긴 법이며, 믿는 자를 죄와 사망의 법으로부터 이미 해방한 법입니다.

이제 여기에서는 절대적으로 중요한 성경의 핵심 메시지가 되는 생명의 성령의 법을 요약해서 정리하고자 합니다.

1. 믿는 자는 하나님의 자녀입니다.

"영접하는 자 곧 그 이름을 믿는 자들에게는 하나님의 자녀가 되는 권세를 주셨으니"(요한복음 1:12)

신앙생활의 첫 출발은 복음을 듣고 깨달아 예수님을 인격적으로 영접하므로 개인의 구주와 주님으로 고백하는 것으로부터 시작됩니다. 이는 하나님의 은혜를 인하여 믿음으로 말미암아 되어지는 것입니다.

"너희는 그 은혜에 의하여 믿음으로 말미암아 구원을 받았으니 이것은 너희에게서 난 것이 아니요 하나님의 선물이라"(에베소서 2:8)

이 놀라운 역사는 말씀과 성령의 역사로 말미암아 이루어지는 것으로서 사람이 믿음으로 거듭나 하나님의 자녀가 되는 가장 놀라운 축복입니다.

2. 하나님의 자녀는 하나님의 생명을 가지고 있습니다.

"아들이 있는 자에게는 생명이 있고 하나님의 아들이 없는 자에게는 생명이 없느니라"(요한일서 5:12)

기독교 복음과 다른 종교와의 근본적인 차이점은 바로 하나님의 생명 곧 영생입니다. 예수님 자신이 생명이시기에 예수님을 구주와 주님으로 영접한 하나님의 자녀는 생명을 가지고 있습니다. 이 생명은 하나님과 함께 사는 영원한 생명이며 자든지 깨든지 주와 함께 사는 생명입니다(살전5:10). 복음은 곧 생명입니다.

3. 생명은 생명 곧 말씀을 먹고 자랍니다.

"살리는 것은 영이니 육은 무익하니라 내가 너희에게 이른 말은 영이요 생명이라"(요한복음 6:63)

생명은 생명을 먹고 자라는데 하나님의 말씀이 곧 생명입니다. 갓 난아기는 엄마의 젖을 먹고 자라갑니다(벧전2:2). 복음으로 태어난 하나님의 자녀는 말씀의 젖을 먹음으로 자라게 됩니다. 영적 성장은 영적 생명이 자라는 것이기에 영적 젖을 먹어야 합니다. 육체의 생명이 음식을 섭취함으로 영양분을 공급받아 건강을 유지하듯이 우리의 영적 생활도 영적 영양분이 되는 말씀을 충분히 먹어야 합니다. 말씀을 먹는 사람은 그리스도로 말미암아 살게 됩니다.

"살아 계신 아버지께서 나를 보내시매 내가 아버지로 말미암아 사는 것 같이 나를 먹는 그 사람도 나로 말미암아 살리라"(요한복음 6:57)

4. 말씀을 성령의 가르침으로 먹어야 합니다.

"보혜사 곧 아버지께서 내 이름으로 보내실 성령 그가 너희에게 모든 것을 가르치고 내가 너희에게 말한 모든 것을 생각나게 하리라"(요한복음 14:26)

보혜사 성령은 믿는 자 안에서 모든 것을 가르치시며 생각나게 하십니다. 기록된 말씀 안에서 말씀하시는 성령의 가르침을 받는다는 것은 그 말씀이 우리 안에서 생명이 될 수 있는 필수적인 조건입니다. 그러므로 우리는 성령의 가르침을 받는 법을 배워서 말씀을 듣든지 읽든지 묵상할 때 성령의 가르침을 받아야 합니다. 오직 성령만이 사람을 근본적으로 변화시킬 수 있습니다.

5. 풍성한 말씀은 생명을 풍성하게 합니다.

"도둑이 오는 것은 도둑질하고 죽이고 멸망시키려는 것뿐이요 내가 온 것은 양으로 생명을 얻게 하고 더 풍성히 얻게 하려는 것이라"(요한복음 10:10)

주님이 오신 목적은 우리 안에 풍성한 생명을 얻게 하기 위한 것입니다. 풍성한 생명을 누림으로 영적인 삶이 풍성해질 것입니다. 그리스도의 생명을 가진 그리스도인이 기록된 말씀을 성령의 가르침으로 받아 그 생명이 자라고 풍성해질 때 성령 충만한 영적 삶을 누릴 수 있게 됩니다.

6. 풍성한 생명에서 그리스도의 마음이 나옵니다.

"누가 주의 마음을 알아서 주를 가르치겠느냐 그러나 우리가 그리스도의 마음을 가졌느니라"(고린도전서 2:16)

풍성한 생명에서 그리스도의 마음이 흘러나와 내 마음이 그리스도의 마음으로 적셔지게 됩니다. 그리스도의 마음으로 사는 것은 곧 그리스도가 사는 것입니다.

"내가 그리스도와 함께 십자가에 못 박혔나니 그런즉 이제는 내가 사는 것이 아니요 오직 내 안에 그리스도께서 사시는 것이라 이제 내가 육체 가운데 사는 것은 나를 사랑하사 나를 위하여 자기 자신을 버리신 하나님의 아들을 믿는 믿음 안에서 사는 것이라"(갈라디아서 2:20)

모든 것이 마음으로부터 나오는 것이니(마12:35) 우리가 그리스도의 마음을 갖게 되면 그 마음으로 말미암아 그리스도처럼 살게 되는 것입니다. 이런 사람의 삶은 그리스도가 나타나는 삶(고후4:10)을 살게 되는데 이것을 성령의 나타나심(고전2:4)이라고 말합니다.

7. 그리스도의 마음을 가진 사람은 그 마음으로부터 하나님의 사랑이 흘러나옵니다.

"소망이 우리를 부끄럽게 하지 아니함은 우리에게 주신 성령으로 말미암아 하나님의 사랑이 우리 마음에 부은 바 됨이니"(로마서 5:5)

그리스도의 마음으로 변화된 믿는 자의 마음에 성령으로 말미암은 하나님의 사랑이 계속 넘쳐흘러 밖으로 나타나게 됩니다. 곧 아가페 사랑입니다. 이러한 사랑을 나타내며 사는 삶이 바로 예수님처럼 사는 삶이며(요일2:6) 참 제자의 도를 행하는 삶이 되는 것입니다.

요약하면 생명의 성령의 법의 목표는 그리스도의 마음을 갖게 하는 것이며 그 결과는 아가페 사랑을 나타내며 살 수 있게 되는 것입니다. 보혈을 통과한 그리스도인이 예수님과 함께, 그리고 예수님처럼 살 수 있는 하나님의 유일한 방법이 생명의 성령의 법입니다. 아멘!

> ▶ **묵상과 나눔**
> 1. 생명의 성령의 법의 의미는?
> 2. 믿는 자의 안으로부터 생명의 성령의 법이 나타나는 과정을 정리해 봅시다.
> 3. 왜 말씀을 성령의 가르침으로 먹어야 합니까?
> 4. 생명의 성령의 법의 목표와 결과는 무엇입니까?

제14장
생명의 성령의 법 ②
(누림)

생명의 성령의 법 2
(누림)

'생명의 성령의 법(핵심)'에 이어서 "그것을 우리가 어떻게 누리는가?"에 대한 메시지입니다. 실제적인 누림과 나타내는 삶을 위한 방법이 곧 경건의 연습입니다.

"나는 심었고 아볼로는 물을 주었으되 오직 하나님께서 자라나게 하셨나니 그런즉 심는 이나 물 주는 이는 아무 것도 아니로되 오직 자라게 하시는 이는 하나님뿐이니라"(고린도전서 3:6~7)

바울은 심었고, 아볼로는 물을 주었으나 오직 자라게 하시는 이는 하나님이시라고 말씀하고 있습니다.

분명히 믿는 자 안에서 생명을 자라게 하고 또 그 생명을 누리고 나타내며 살게 하는 분은 하나님이십니다.

그렇다면 사람이 해야 할 일은 없을까요? 분명히 있습니다. 복음이 마음속에 심어지도록 돕는 전도하는 일과 잘 자라도록 돕는 물주는 일이 바울과 아볼로의 사역이었던 것처럼 사람이 해야 할 일이 있습니다.

분명히 복음 사역에는 「하나님께서 하시는 일」(God's part)과 「사람이 해야 할 일」(Man's part)이 있습니다.

'노력하지 말고 노력하라'라는 말이 있습니다. 믿는 사람의 영적 생활에 있어서 노력해서는 안 될 일이 있고 반드시 노력해야 될 일이 있습니다. 믿는 사람은 스스로 선하게 살고자 하는 자신의 의지와 노력은 중지해야 합니다. 왜냐하면 스스로 하는 의지와 노력은 육신, 곧 성령의 지배 아래 있지 않는 사람의 생각과 마음을 동원하는 것이기 때문입니다.

"육신의 생각은 사망이요 영의 생각은 생명과 평안이니라"(로마서 8:6)

반면에 내 안에 계신 주님께서 일 하시도록 맡기는 노력은 해야 합니다. 그것이 바로 경건의 연습입니다. 생명 사역은 절대적으로 하나님께서 주관하시고 일하시지만, 믿는 사람은 하나님의 동역자로서 그 일에 동참해야 하는 것입니다.

"망령되고 허탄한 신화를 버리고 경건에 이르도록 네 자신을 연단하라 육체의 연단은 약간의 유익이 있으나 경건은 범사에 유익하니 금생과 내생에 약속이 있느니라 미쁘다 이 말이여 모든 사람들이 받을 만하도다"(디모데전서 4:7~9)

우리 주 예수 그리스도의 말씀과 경건에 관한 교훈을 따르지 아니하면 교만하여 아무것도 알지 못하는 사람입니다.

"누구든지 다른 교훈을 하며 바른 말 곧 우리 주 예수 그리스도의 말씀과 경건에 관한 교훈을 따르지 아니하면 그는 교만하여 아무 것도 알지 못하고 변론과 언쟁을 좋아하는 자니 이로써 투기와 분쟁과 비방과 악한 생각이 나며"(디모데전서 6:3~4)

그러면 생명의 성령의 법을 실제적으로 누리고 나타내며 살기 위한 경건의 연습의 방법은 어떤 것이 있을까요?

성경이 가르치는바 여러 가지 방법이 있겠으나 여기에서는 **핵심 되는 다섯 가지 방법**을 나누고자 합니다.

1. 말씀을 먹음

"갓난 아기들 같이 순전하고 신령한 젖을 사모하라 이는 그로 말미암아 너희로 구원에 이르도록 자라게 하려 함이라"(베드로전서 2:2)

어린 아기에게 가장 필요하고 절대적으로 있어야 하는 것은 엄마의 젖이듯이 우리는 거듭날 때부터 생명의 젖이 되는 말씀을 먹어야 합니다. 사실상 말씀은 갓 태어난 그리스도인은 물론 성숙한 그리스도인에게도 절대적으로 필요한 양식입니다. 기록된 말씀을 성령의 가르침으로(요14:26) 먹게 되면 그 말씀이 우리를 구원에 이르게 할 것입니다. 여기서의 구원은 성화, 곧 거룩한 삶으로 예수님처럼 사는 삶입니다.

"살아 계신 아버지께서 나를 보내시매 내가 아버지로 말미암아 사는 것 같이 나를 먹는 그 사람도 나로 말미암아 살리라"(요한복음 6:57)

하나님으로 말미암아 사신 예수님은 하나님과 똑같이 사셨습니다. 마찬가지로 우리가 예수님으로 말미암아 예수님과 똑같은 삶을 사는 확실한 방법은 예수님을 먹는 일입니다. 여기서 '예수님을 먹는다'는 의미는 '말씀을 먹는다'는 것입니다.

"말씀이 육신이 되어 우리 가운데 거하시매 우리가 그의 영광을 보니 아버지의 독생자의 영광이요 은혜와 진리가 충만하더라"(요한복음 1:14)
"살리는 것은 영이니 육은 무익하니라 내가 너희에게 이른 말은 영이요 생명이라"(요한복음 6:63)

말씀을 먹는 방법은 여러 가지가 있겠으나 가장 핵심되는 방법은 말씀을 묵상하는 것입니다.

"나의 반석이시요 나의 구속자이신 여호와여 내 입의 말과 마음의 묵상이 주님 앞에 열납되기를 원하나이다"(시편 19:14)
"베뢰아에 있는 사람들은 데살로니가에 있는 사람들보다 더 너그러워서 간절한 마음으로 말씀을 받고 이것이 그러한가 하여 날마다 성경을 상고하므로"(사도행전 17:11)

그리스도의 말씀이 내 속에 풍성히 거하게 하는 것이 생명을 누리는 영적생활의 기본 열쇠입니다.

2. 깊은 기도

"그러므로 내가 너희에게 말하노니 무엇이든지 기도하고 구하는 것은 받은 줄로 믿으라 그리하면 너희에게 그대로 되리라"(마가복음 11:24)

그리스도인에게 기도는 곧 호흡입니다.

우리는 숨을 쉬지 않고 얼마동안 견딜 수 있을까요?

하나님께서 우리에게 주신 놀라운 선물 중의 하나는 바로 기도입니다. 기도는 하나님과 함께 시간을 보내는 것입니다. 말씀을 사모하고 기도할 때 성령의 조명을 통해서 그 말씀 속에 들어있는 하나님의 뜻을 알게 되며 말씀 안에서 주어지는 생명을 누리게 됩니다.

우리는 말씀을 통해 하나님의 뜻을 알게 되고 기도를 통해 그 뜻이 이루어지게 됩니다.

먼저 그 나라와 의를 구하는 것 - 하나님의 나라가 나의 삶을 통해서, 교회를 통해서 이 땅에 이루어지는 것은 하나님의 거룩한 뜻이며, 우리가 가장 사모해야할 기도의 제목입니다. 하나님께서 다 하시지만 역시 우리는 기도로 구해야 합니다.

"주 여호와께서 이같이 말씀하셨느니라 그래도 이스라엘 족속이 이같이 자기들에게 이루어 주기를 내게 구하여야 할지라 내가 그들의 수효를 양 떼 같이 많아지게 하되"(에스겔 36:37)

그리고 우리가 죄를 범했을 때, 즉 빛 가운데 거하지 아니하여 말씀을 불순종했을 때는 그 죄를 고백함으로 하나님과의 교제가 정상적으로 회복되어야 합니다.

"만일 우리가 우리 죄를 자백하면 그는 미쁘시고 의로우사 우리 죄를 사하시며 우리를 모든 불의에서 깨끗하게 하실 것이요"(요한일서 1:9)

그 죄가 사람과 관계되었을 때는 사람과도 반드시 회복해야 하며(마5:23~24), 물질 문제의 경우에는 반드시 물질로 보상해야 합니다.

"삭개오가 서서 주께 여짜오되 주여 보시옵소서 내 소유의 절반을 가난한 자들에게 주겠사오며 만일 누구의 것을 빼앗은 일이 있으면 네 갑절이나 갚겠나이다"(누가복음 19:8)

깊은 기도는 생명이 풍성한 깊은 영성의 사람을 만듭니다.

3. 찬송을 부름

"이스라엘의 찬송 중에 계시는 주여 주는 거룩하시니이다"(시편 22:3)

하나님은 찬송 중에 거하십니다.
하나님의 하나님 되심을 높이며 경배할 때나 하나님의 일하심과 은혜 주심을 감사하며 찬양을 드릴 때 하나님은 영광을 받으십니다. 기도가 중요한 것처럼 찬송 역시 중요합니다. 바울과 실라가 빌립보 감옥에서 기도하고 찬송할 때 하나님의 역사가 일어났습니다(행

16:25~26). 그리스도의 말씀이 내 안에 풍성히 거하게 하며 시와 찬송과 신령한 노래를 부를 때(골3:16) 우리의 영적 삶은 더욱 더 생명 넘치게 될 것입니다.

4. 믿음으로 행함

"네가 보거니와 믿음이 그의 행함과 함께 일하고 행함으로 믿음이 온전하게 되었느니라"(야고보서 2:22)

믿음과 행함은 기독교 복음 메시지에 있어서 두 수레바퀴와 같은 것입니다. 물론 여기서의 행함은 믿음으로 말미암아 나타나는 행함을 말합니다.

"Unction하면 Action하라!"

다시 말하면 "감동이 있으면 바로 실행하라"는 말이 있습니다.

그리스도인은 성령으로 말미암아 마음속에 어떤 감동이 주어졌을 때 바로 순종하여 실행에 옮겨야 합니다. 그럴 때 하나님께서 그 순종을 받으시며 믿는 사람 안에서 기쁨이 넘쳐흐르게 됩니다. 이런 순종은 생명으로 말미암아 되어지는 순종이며 이런 과정을 통해서 생명은 더욱 자라나며 언제나 순종이 되어지는 거룩한 습관이 만들어집니다.

그렇습니다. 성경 본문이 말하듯이 행함으로 그 믿음이 자라며 또한 온전케 됩니다.

5. 교회 중심의 신앙생활

"영원부터 만물을 창조하신 하나님 속에 감추어졌던 비밀의 경륜이 어떠한 것을 드러내게 하려 하심이라 이는 이제 교회로 말미암아 하늘에 있는 통치자들과 권세들에게 하나님의 각종 지혜를 알게 하려 하심이니"(에베소서 3:9~10)

하나님의 비밀의 경륜은 교회 곧 그리스도의 몸을 이루는 것입니다. 이것을 위해서 각 지역에 지역 교회를 세우셨습니다. 지역 교회에 몸을 담고 정상적인 신앙생활을 함으로써 머리되신 주님의 생명을 풍성하게 누리게 됩니다. 몸의 지체는 몸 안에서 서로 연결되어 그 생명이 함께 자랍니다. 그러므로 믿는 자들은 반드시 교회에 붙어있어야 합니다.

무엇보다도 예배에 성공하는 일이 중요하며, 소그룹 성경공부를 통해 성도가 함께 복음 안에서 성장해야 합니다. 섬김과 나눔의 교제, 그리고 주어진 사역에 변함없는 충성은 하나님께 영광은 물론 자신의 영적 삶에도 축복이 됩니다. 맡은 사람에게 구할 것은 충성입니다.

"그리고 맡은 자들에게 구할 것은 충성이니라"(고린도전서 4:2)

요약하면 생명 사역은 하나님께서 성령을 통하여 이루십니다. 그

러나 믿는 자가 경건의 연습을 할 때 하나님의 일하심이 내 안에서 실제화되어 밖으로 나타나게 되는 것입니다.

> ▶ **묵상과 나눔**
>
> 1. '누린다'의 의미는?
> 2. 하나님께서 다 하시는데 왜 우리는 경건의 연습을 해야 할까요?
> 3. 경건의 연습에는 어떤 종류와 방법이 있습니까? 경건의 연습을 더욱 효과있게 할 수 있는 실제적인 방법들을 나누어 봅시다.
> 4. 교회의 의미와 중요성에 대하여 정리하고 나누어 봅시다.

제15장
생명의 성령의 법 ③
(결과)

생명의 성령의 법 ③
(결과)

생명의 성령의 법을 깨닫고 경건의 연습을 통해서 그 법을 누리게 되면 어떤 변화와 결과가 나타나게 되는 것일까요?

1. 되어지는 신앙생활

"내가 그리스도와 함께 십자가에 못 박혔나니 그런즉 이제는 내가 사는 것이 아니요 오직 내 안에 그리스도께서 사시는 것이라 이제 내가 육체 가운데 사는 것은 나를 사랑하사 나를 위하여 자기 자신을 버리신 하나님의 아들을 믿는 믿음 안에서 사는 것이라"(갈라디아서 2:20)

신앙생활은 하는 것인가? 되어지는 것인가?

참으로 중요한 질문입니다. 그 대답은 신앙생활은 '하는 것'이 아니라 '되어지는 것'입니다. 물론 신앙생활의 초보 단계에서는 잘 해보려고 힘써 노력하는 과정이 있을 수 있습니다. 그러나 그것이 계속 되면 로마서 7장을 헤매는 갈등과 탄식의 연속이 되어질 수 있습니다. 사실상 대부분의 그리스도인들은 지금도 그러한 상황 속에 살고 있을 것입니다.

그런데 생명의 성령의 법을 깨닫고 누리게 되면 내가 하는 신앙생활을 뛰어넘어 주님으로 말미암아 되어지는 신앙생활을 경험하고 누리게 됩니다. 왜냐하면 하나님께서 새 언약을 통해서 이미 이루어 놓으신 것을 나타내 주시기 때문입니다.

"네 하나님 여호와께서 네 마음과 네 자손의 마음에 할례를 베푸사 너로 마음을 다하며 뜻을 다하여 네 하나님 여호와를 사랑하게 하사 너로 생명을 얻게 하실 것이며"(신명기 30:6)

"너희 안에서 행하시는 이는 하나님이시니 자기의 기쁘신 뜻을 위하여 너희에게 소원을 두고 행하게 하시나니"(빌립보서 2:13)

본문이 말하듯이 이제는 내가 사는 것이 아니라 내 안에 계신 그리스도께서 사시기 때문입니다. 2,000여 년 전에 나를 위해서 대신 죽으신 예수 그리스도 우리 주님께서 지금은 나를 위해서 대신 사시기 때문입니다(대표와 대행의 원리).

주님은 입법자인 동시에 또한 준행자가 되십니다. 주님께서 하라고 말씀하시고 또 주님께서 그것을 내 대신 해 주시는 것입니다. 그러므로 **내가 '하는' 신앙생활이 아니라 '되어지는' 신앙생활을 하게 되니 얼마나 놀라운 큰 변화 입니까!**

2. 신의 성품이 나타남

"이로써 그 보배롭고 지극히 큰 약속을 우리에게 주사 이 약속으로 말미암아 너희가 정욕 때문에 세상에서 썩어질 것을 피하여 신성한 성품에 참여하는 자가 되게 하려 하셨느니라"(베드로후서 1:4)

우리가 거듭날 때 옛 생명 옛 사람이 예수님과 함께 십자가에 못 박혀 죽었고(롬6:6) 이제는 새 생명 새 사람으로 교체가 되었습니다(롬6:4). 생명이 바뀌었으므로 본성도 바뀐 것입니다. 즉 아담으로부터 내려온 죄성 곧 죄의 본성은 끝이 났고 그리스도 예수로 말미암은 의롭고 거룩한 본성이 된 것입니다.

믿는 사람 안에는 신의 본성 곧 신성한 성품의 씨가 이미 심어져 있습니다. 이러한 새 사람의 거룩한 성품이 생명의 성령의 법을 누릴 때 생명의 자람과 함께 밖으로 흘러 나타나게 됩니다. 이것이 바로 성령의 나타나심(고전2:4)이며 성령의 일하심을 통한 열매입니다.

"오직 성령의 열매는 사랑과 희락과 화평과 오래 참음과 자비와 양선과 충성과 온유와 절제니 이같은 것을 금지할 법이 없느니라"(갈라디아서 5:22~23)

성령의 열매는 사람의 의지와 노력으로 말미암아 되어지는 것이 아니라 성령의 역사 곧 생명의 성령의 법으로 나타나는 열매이며 이것이 곧 믿는 자의 변화된 인격과 삶이 됩니다.

이 같은 것을 금지할 법이 없다 하였으니 내 안으로부터 사랑이 흘러 넘쳐나게 하는 생명의 성령의 법은 최고의 법이 됩니다

"너희가 만일 성경에 기록된 대로 네 이웃 사랑하기를 네 몸과 같이 하라 하신 최고한 법을 지키면 잘하는 것이거니와"(야고보서 2:8)

3. 자유를 누리게 됨

"진리를 알지니 진리가 너희를 자유롭게 하리라"(요한복음 8:32)
"주는 영이시니 주의 영이 계신 곳에는 자유가 있느니라"(고린도후서 3:17)

세상의 모든 사람들은 너 나 할 것 없이 아담이 사탄에게 순종하는 그 날부터 마귀의 종이 되어 살고 있습니다. 이런 상태를 성경에서는 죄와 허물로 죽었다고 말합니다.

"그는 허물과 죄로 죽었던 너희를 살리셨도다"(에베소서 2:1)

죄의 종으로 속박되어 오던 인간에게 그리스도의 구속 사역을 통해서 구원과 해방을 주셨습니다. 그리스도께서 나무에 달려 죽으심으로 우리를 율법의 저주로부터 속량하셨습니다.

"그리스도께서 우리를 위하여 저주를 받은 바 되사 율법의 저주에서 우리를 속량하셨으니 기록된 바 나무에 달린 자마다 저주 아래에 있는 자라 하였음이라"(갈라디아서 3:13)

그러나 믿을 때 신분상으로는 이미 자유케 되었으나 실제적으로는 그 자유를 누리지 못하고 있는 사람이 많습니다. 그리스도 예수 안에서 이미 자유를 얻었다는 사실을 깨닫고 생명의 성령의 법을 누릴 때 실제적으로 우리는 그 자유를 삶의 현장에서 누리며 살게 됩니다. 사탄으로부터의 자유, 죄로부터의 자유, 가난으로부터의 자유, 질병으로부터의 자유, 죽음으로부터의 자유, 모든 저주로부터의 자유……

그렇습니다. 주의 영을 가진 사람은 그 영으로 말미암아 이미 자유케 된 사람입니다. 이제는 생명의 성령의 법을 통해서 이미 주신 자유를 누리며 살게 됩니다. 생명의 성령의 법은 죄와 사망의 법에서 이미 우리를 해방한 법입니다. 진리가 자유롭게 합니다.

4. 참된 헌신의 삶

"너희 몸은 너희가 하나님께로부터 받은 바 너희 가운데 계신 성령의 전인 줄을 알지 못하느냐 너희는 너희 자신의 것이 아니라 값으로 산 것이 되었으니 그런즉 너희 몸으로 하나님께 영광을 돌리라"(고린도전서 6:19~20)

나의 나 된 것은 하나님의 은혜로 된 것(고전15:10)이라는 사실을 깨달아 알았을 때 우리는 마음 깊은 곳으로부터 참된 헌신의 삶을 살게 됩니다. 그런데 진정한 헌신은 내가 하나님을 위해서 무엇을 하느냐의 문제라기보다도 하나님께서 나를 얼마나 차지하고 있느냐의 문제입니다.

그러므로 생명의 성령의 법으로 말미암아 영의 지배와 인도를 받아 우리의 마음이 그리스도의 마음으로 바뀌어 살게 될 때 헌신의 삶은 억지가 아니라 너무나 자연스럽게 되어질 것입니다. 우리는 살아도 주를 위하여 살고 죽어도 주를 위하여 죽나니 그러므로 사나 죽으나 우리가 주의 것입니다(롬14:8). 우리는 하나님의 것으로서 하나님의 영광을 위하여 사는 사람입니다.

5. 그 날의 상

"나는 선한 싸움을 싸우고 나의 달려갈 길을 마치고 믿음을 지켰으니 이제 후로는 나를 위하여 의의 면류관이 예비되었으므로 주 곧 의로우신 재판장이 그 날에 내게 주실 것이며 내게만 아니라 주의 나타나심을 사모하는 모든 자에게도니라"(디모데후서 4:7~8)

하나님께서는 믿는 자의 헌신의 삶을 따라 보상해 주시는 분이십니다. 주님께서 다시 오실 때 각 사람의 행한 대로 상을 주신다고 약속하셨습니다.

"보라 내가 속히 오리니 내가 줄 상이 내게 있어 각 사람에게 그가 행한 대로 갚아 주리라"(요한계시록 22:12)

기본구원 곧 죄 사함이나 영생은 믿는 자에게 선물로 거저 주시지만 그 날의 상은 반드시 행함을 따라 받게 됩니다. 그 상은 그리스도에게 붙은 자로서 첫째 부활에 참여하는 것이며 면류관을 받고 그리스도와 더불어 왕 노릇 하게 됩니다.

"또 내가 보좌들을 보니 거기에 앉은 자들이 있어 심판하는 권세를 받았더라 또 내가 보니 예수를 증언함과 하나님의 말씀 때문에 목 베임을 당한 자들의 영혼들과 또 짐승과 그의 우상에게 경배하지 아니하고 그들의 이마와 손에 그의 표를 받지 아니한 자들이 살아서 그리스도와 더불어 천 년 동안 왕 노릇 하니 (그 나머지 죽은 자들은 그 천 년이 차기까지 살지 못하더라) 이는 첫째 부활이라 이 첫째 부활에 참여하는 자들은 복이 있고 거룩하도다 둘째 사망이 그들을 다스리는 권세가 없고 도리어 그들이 하나님과 그리스도의 제사장이 되어 천 년 동안 그리스도와 더불어 왕 노릇 하리라"(요한계시록 20:4~6)

이것이 믿는 자들의 궁극적인 소망입니다.
그런데 이 모든 상은 생명의 성령의 법을 따라 그리스도의 마음을 가지고 살고 행한 자에게만 주어질 것입니다. 우리는 경주자입니다. 그러므로 법대로 열심히 달려서 상을 받아야 합니다.

"운동장에서 달음질하는 자들이 다 달릴지라도 오직 상을 받는 사람은 한 사람인 줄을 너희가 알지 못하느냐 너희도 상을 받도록 이와 같이 달음질하라 이기기를 다투는 자마다 모든 일에 절제하나니 그들은 썩을 승리자의 관을 얻고자 하되 우리는 썩지 아니할 것을 얻고자 하노라 그러므로 나는 달음질하기를 향방 없는 것 같이 아니하고 싸우기를 허공을 치는 것 같이 아니하며 내가 내 몸을 쳐 복종하게 함은 내가 남에게 전파한 후에

자신이 도리어 버림을 당할까 두려워함이로다"(고린도전서 9:24~27)

"경기하는 자가 법대로 경기하지 아니하면 승리자의 관을 얻지 못할 것이며"(디모데후서 2:5)

경기하는 사람이 다른 사람들보다 아무리 실력이 월등하다 할지라도 그 경기의 규칙을 따라 경기하지 아니하면 상을 받는 것으로부터 탈락되고 말 것입니다.

그렇습니다. 보혈을 통과한 그리스도인은 생명의 성령의 법을 깨달아 알고 경건의 연습을 통해서 그 법을 누리며 성령의 열매 풍성한 삶을 살아갈 때 그 날의 상을 받습니다. 사실상 일은 하나님께서 다 하시는데 그 날의 칭찬과 상은 우리에게 주시니 참으로 할렐루야! 아멘! 입니다.

Pay day Some day !

▶ 묵상과 나눔

1. 생명의 성령의 법의 핵심과 나눔과 결과의 관계에 대하여 정리해 봅시다.
2. 생명의 성령의 법을 누리면 어떤 결과가 나타나는지 하나하나 되씹어 봅시다.
3. 생명의 성령의 법이 왜 최고의 법인가요?
4. 그리스도인의 궁극적인 소망은 무엇입니까?

제16장 성령의 가르침을 받는 법

성령의 가르침을 받는 법

신앙생활을 하면서 많은 사람들의 고민은 '평생 설교를 듣고 성경공부에도 참여하며 이런 저런 프로그램을 통해서 훈련을 받는데도 왜 근본적인 변화가 없느냐?'는 것입니다. 그 이유는 간단합니다. 사람의 가르침은 받으나 성령의 가르침을 받지 않기 때문입니다.

"주께서 이르시되 이 백성이 입으로는 나를 가까이 하며 입술로는 나를 공경하나 그들의 마음은 내게서 멀리 떠났나니 그들이 나를 경외함은 사람의 계명으로 가르침을 받았을 뿐이라"(이사야 29:13)

'사람의 계명으로 가르침을 받는다'는 의미는 새 번역 성경에서는

'다만, 들은 말을 흉내 내는 것일 뿐'이라고 말하고 있습니다.

사람의 가르침은 절대로 사람을 변화시키지 못합니다. 혹시 생각이나 감정의 변화는 가능할지라도 근본적으로 마음을 바꿀 수는 없습니다. 오직 성령만이 사람의 마음을 변화시킬 수 있으니 우리는 성령의 가르침을 받아야 합니다.

사람의 가르침을 받고 그 가르침을 따라 살려고 노력하는 신앙생활은 육신적이요 율법적인 신앙생활입니다. 물론 이 말은 우리가 가르치지도 말고 가르침을 받지도 말자는 뜻이 아니라 사람이 가르치고 또 그 가르침을 받는 동안에도 우리의 마음은 반드시 성령의 가르침을 받아야 한다는 것입니다. 그런 의미에서 성령의 가르침을 받는 법을 깨달아 아는 것은 참으로 중요합니다. 새 언약 아래서 생명의 성령의 법으로 천국 되어 살아갈 수 있는 전제 조건이 성령의 가르침을 받는 것입니다.

내 안에서 가르치시는 성령님

"내가 아버지께로부터 너희에게 보낼 보혜사 곧 아버지께로부터 나오시는 진리의 성령이 오실 때에 그가 나를 증언하실 것이요"(요한복음 15:26)

"그러나 내가 너희에게 실상을 말하노니 내가 떠나가는 것이 너희에게 유익이라 내가 떠나가지 아니하면 보혜사가 너희에게로 오시지 아니할 것

이요 가면 내가 그를 너희에게로 보내리니"(요한복음 16:7)

"그러나 진리의 성령이 오시면 그가 너희를 모든 진리 가운데로 인도하시리니 그가 스스로 말하지 않고 오직 들은 것을 말하며 장래 일을 너희에게 알리시리라"(요한복음 16:13)

보혜사 성령의 중심 되는 사역은 예수님에 대하여 증언하시는 것입니다. 예수님께서 십자가와 부활을 통해서 이미 이루어 놓으신 구속 사역, 지금 하고 계시는 일, 그리고 장차 하실 일을 드러내어 우리로 하여금 깨달아 알게 하시는 것입니다.

"보혜사 곧 아버지께서 내 이름으로 보내실 성령 그가 너희에게 모든 것을 가르치고 내가 너희에게 말한 모든 것을 생각나게 하리라"(요한복음 14:26)

복음의 본질은 예수님께서 이미 하신 일, 지금 하시는 일, 그리고 장차 하실 일입니다. 이러한 복음의 내용이 성경에 기록되어 있습니다. 그런데 모든 성경은 성령의 감동하심을 받은 사람들이 하나님께 받아 말한 것이기에(벧후1:21) 기록된 성경은 반드시 성령의 가르침으로만 깨달아 알 수 있습니다. 그러므로 우리는 말씀 안에서 말씀하시는 성령의 음성, 곧 성령의 가르침을 받아야 합니다.

"너희는 주께 받은 바 기름 부음이 너희 안에 거하나니 아무도 너희를 가르칠 필요가 없고 오직 그의 기름 부음이 모든 것을 너희에게 가르치며 또 참되고 거짓이 없으니 너희를 가르치신 그대로 주 안에 거하라"(요한일서 2:27)

"우리가 이것을 말하거니와 사람의 지혜가 가르친 말로 아니하고 오직 성령께서 가르치신 것으로 하니 영적인 일은 영적인 것으로 분별하느니라"(고린도전서 2:13)

"누가 주의 마음을 알아서 주를 가르치겠느냐 그러나 우리가 그리스도의 마음을 가졌느니라"(고린도전서 2:16)

믿는 사람 안에는 기름 부으심 곧 성령이 계십니다. 그러므로 우리는 말씀 안에서 말씀하시는 성령의 가르침을 받을 수 있습니다. 성령의 가르침을 받을 때 진리의 말씀 곧 새 언약의 복음을 깨달아 알게 됩니다. 그렇게 될 때 우리는 영적인 사람이 되어 그리스도의 마음을 갖게 됩니다. 이렇게 되는 과정을 성령의 가르침을 받는 법 또는 성령의 음성을 듣는 법이라고 말합니다.

성령의 가르침을 받기 위한 준비

성령의 가르치심을 효과있게 받기 위하여 몇 가지 기본적인 방법을 제시하고자 합니다.

첫째, 자신을 정결케 해야 합니다.

"만일 우리가 우리 죄를 자백하면 그는 미쁘시고 의로우사 우리 죄를 사하시며 우리를 모든 불의에서 깨끗하게 하실 것이요"(요한일서 1:9)

혹시 우리가 죄를 지음으로 빛 가운데 거하지 못하고 어두움에 있을 때에는 죄를 자백함으로 용서받아 정결한 마음을 유지함으로 하나님과 정상적인 교제가 회복되어야 합니다.

둘째, 영적으로 성장해야 합니다.

"우리가 다 하나님의 아들을 믿는 것과 아는 일에 하나가 되어 온전한 사람을 이루어 그리스도의 장성한 분량이 충만한 데까지 이르리니"(에베소서 4:13)

믿는 사람은 그 안에 성령이 계시므로 영적으로 어린 사람일지라도 성령의 가르침을 받을 수 있습니다. 그러나 영적으로 성장할 때 성령의 가르침을 더 잘 받게 되어 그리스도의 장성한 분량이 충만한 데까지 이르게 됩니다.

셋째, 성령의 가르침을 받으려고 사모해야 합니다.

"하나님이여 사슴이 시냇물을 찾기에 갈급함 같이 내 영혼이 주를 찾기에 갈급하니이다"(시편 42:1)

성령께서는 말씀 안에서 자의적으로 가르치나 사람 편에서는 마음을 열고 그 가르침을 받도록 간절히 사모하고 힘쓰는 것이 필요합니다. 예를 들어 말씀을 듣든지 읽기 전에 "성령님이여, 가르쳐 주옵소서. 보여 주옵소서. 깨닫게 하옵소서"라고 잠시 기도하는 것도 유익합니다.

넷째, 평소에 성경을 많이 보고 읽어야 합니다.

"내가 이를 때까지 읽는 것과 권하는 것과 가르치는 것에 전념하라"(디모데전서 4:13)

성령께서 생각나게 하고 가르칠 때는 대개 이미 읽은 말씀 가운데서 말씀하십니다. 그러므로 우리는 평소에 성경을 많이 보고 읽어야 합니다.

다섯째, 묵상기도 즉 듣는 기도를 배우고 연습해야 합니다.

"나의 반석이시요 나의 구속자이신 여호와여 내 입의 말과 마음의 묵상이 주님 앞에 열납되기를 원하나이다"(시편 19:14)

우리는 주로 내 편에서 하나님께 드리는 기도에 익숙해져 있습니다. 그러나 성령의 가르침을 잘 받기 위해서는 하나님의 마음을 듣는 조용한 기다림의 시간을 갖는 연습을 해야 합니다. 깊이 있는 묵상기도는 깊이 있는 영성을 갖도록 해 줍니다.

결론

베드로후서 1장 19절 말씀 입니다.

"또 우리에게는 더 확실한 예언이 있어 어두운 데를 비추는 등불과 같으니 날이 새어 샛별이 너희 마음에 떠오르기까지 너희가 이것을 주의하는 것이 옳으니라"

이 말씀은 마태복음 17장에 기록된 변화산 사건을 비유해서 주신 말씀입니다. 변화산에서 함께 나타났던 모세와 엘리야는 사라지고 오직 예수님만 거기 계셨으며 하늘로부터 소리가 나서 가로되 **"이는 내 사랑하는 아들이요 내 기뻐하는 자니 너희는 그의 말을 들으라"**(마17:5)고

했습니다.

새 언약 아래서 살고 있는 우리는 모세와 엘리야의 말이 아닌 예수 그리스도의 말씀만 들어야 합니다. 다시 말하면 모세의 말이나 엘리야의 말도 직접 듣는 것이 아니라 예수님께 가져와서 그들의 말을 예수님의 입으로부터 들어야 합니다. 그 예수님이 지금 성령으로 우리 안에 와 계십니다.

그러므로 예수님의 입으로부터 나오는 말씀을 듣는다는 것은 지금 내 안에서 말씀하시는 성령의 가르침을 받는다는 것입니다. 이제 우리는 날이 새어 샛별이 떠오르는 것같이 우리 마음에 떠올라 말씀하시는 성령의 가르침을 받고 살아야 합니다. 이것이 바로 생명의 성령의 법을 깨닫고 생명의 영성을 누리며 살 수 있는 필수 조건입니다.

> ▶ **묵상과 나눔**
>
> 1. 성령의 가르침을 받는다는 의미는?
> 2. 신앙생활 하는 사람들 중에 근본적인 변화가 없는 이유가 무엇일까요?
> 3. 성령의 가르침을 효과 있게 받기 위한 준비는 어떤 것인가요?
> 4. 성령의 가르침을 받게 되면 어떤 결과가 나타나게 될까요?

제17장

제자도

제자도

우리는 예수님을 믿음으로 구원받았습니다.

'구원받았다'는 말의 의미는 '거듭남을 통해서 하나님의 자녀로 태어났다'는 뜻입니다. 처음으로 태어난 갓난 아기는 하나님의 자녀라는 신분으로는 완전하지만 아직 성숙한 자녀가 된 것은 아닙니다. 완전하나 미성숙하다는 의미입니다.

"갓난 아기들 같이 순전하고 신령한 젖을 사모하라 이는 그로 말미암아 너희로 구원에 이르도록 자라게 하려 함이라"(베드로전서 2:2)

부모로부터 태어난 아기가 성장하듯이 하나님의 가정에서 태어난 영적 아기도 성장해야 됩니다. 다시 말하면 불신자가 거듭남을 통해서 신자가 되고, 신자는 영적 성숙을 통해서 주님의 제자가 됩니다. 하나님은 모든 사람이 구원을 받으며 계속 진리를 알아 감으로 주님을 따르는 제자의 삶을 살기를 원하십니다.

" 하나님은 모든 사람이 구원을 받으며 진리를 아는 데에 이르기를 원하시느니라"(디모데전서 2:4)

우리 주님은 예나 지금이나 추수할 일꾼 곧 제자를 찾고 있습니다

"이에 제자들에게 이르시되 추수할 것은 많되 일꾼이 적으니 그러므로 추수하는 주인에게 청하여 추수할 일꾼들을 보내 주소서 하라 하시니라"(마태복음 9:37~38)

제자의 의미

어떤 특정된 사람을 사랑하고 존경하며, 배우고 따르는 사람을 제자라고 합니다. 우리는 예수님의 제자입니다. 이제는 성숙한 참제자가 되도록 성장해가야 합니다.

예수님의 사역은 사람이 예수님께 나옴으로 쉼을 얻는 구원을 받게 되고 예수님의 멍에를 메고 예수님을 배워 감으로 제자가 되게 하셨습니다.

"수고하고 무거운 짐 진 자들아 다 내게로 오라 내가 너희를 쉬게 하리라 나는 마음이 온유하고 겸손하니 나의 멍에를 메고 내게 배우라 그리하면 너희 마음이 쉼을 얻으리니"(마태복음 11:28~29)

예수님을 만나면 신자가 되고 예수님을 배우고 따르면 제자가 됩니다.

제자의 자격

모든 그리스도인들은 예수님을 사랑하는 사람들이기에 넓은 의미에서는 예수님의 제자라고 말할 수 있습니다. 그러나 성경에서 예수님을 따르는 제자라고 말할 때는 참 제자 또는 성숙한 제자를 의미 합니다.

성경에서 말하고 있는 **참 제자의 자격**은 어떤 것일까요?

첫째, 말씀에 거하는 사람입니다.

"그러므로 예수께서 자기를 믿은 유대인들에게 이르시되 너희가 내 말에 거하면 참으로 내 제자가 되고"(요한복음 8:31)

이 말씀은 믿는 유대인에게 하신 말씀입니다. 단순한 믿음으로 구원받지만 제자가 되는 것은 말씀에 거해야 합니다. 말씀을 아는 것만이 아니라 말씀대로 사는 것입니다. 말씀을 순종하고 그 말씀을 살아내는 사람이 제자입니다.

둘째, 사랑하는 사람입니다.

"너희가 서로 사랑하면 이로써 모든 사람이 너희가 내 제자인 줄 알리라"(요한복음 13:35)

예수님이 우리를 사랑하신 것 같이 우리도 서로 사랑해야 합니다. "기독교의 표식은 사랑이다"라는 말이 있듯이 참 제자의 표식은 사랑입니다. 우리가 서로 사랑할 때 세상 사람은 우리가 예수님의 제자인 것을 알게 될 것입니다.

셋째, 열매를 많이 맺는 사람입니다.

"너희가 열매를 많이 맺으면 내 아버지께서 영광을 받으실 것이요 너희

는 내 제자가 되리라"(요한복음 15:8)

열매를 보아 나무를 알듯이 우리가 열매를 많이 맺을 때 예수님께 붙어있는 예수님의 제자가 된 것을 알 수 있습니다. 포도나무 되신 예수님께 가지된 우리가 잘 붙어있을 때 많은 열매를 맺을 수 있습니다. 제자된 것은 열매로 증명되어집니다.

제자의 영성

좋은 제자는 스승을 잘 배우고 따르는 사람이듯이 우리는 예수님을 잘 배우고 따름으로 예수님의 좋은 제자가 될 수 있을 것입니다. 예수님을 본받는 사람이 예수님의 제자입니다.

"내가 너희에게 행한 것 같이 너희도 행하게 하려 하여 본을 보였노라"(요한복음 13:15)

"내가 그리스도를 본받는 자가 된 것 같이 너희는 나를 본받는 자가 되라"(고린도전서 11:1)

"나의 자녀들아 너희 속에 그리스도의 형상을 이루기까지 다시 너희를 위하여 해산하는 수고를 하노니"(갈라디아서 4:19)

예수님을 본받는 것은 예수님의 형상을 본받는 것으로서 예수님을 닮아가는 것을 말합니다. 우리는 예수님이 될 수는 없지만 예수님처럼 될 수는 있습니다.

"너희 안에 이 마음을 품으라 곧 그리스도 예수의 마음이니 그는 근본 하나님의 본체시나 하나님과 동등됨을 취할 것으로 여기지 아니하시고 오히려 자기를 비워 종의 형체를 가지사 사람들과 같이 되셨고 사람의 모양으로 나타나사 자기를 낮추시고 죽기까지 복종하셨으니 곧 십자가에 죽으심이라"(빌립보서 2:5~8)

예수님의 마음은 온유와 겸손입니다(마11:29).
온유와 겸손의 성품으로 충만하신 마음으로 성육신하시고 종의 모습을 보이시고 십자가에 죽기까지 복종하셨습니다. 예수님의 마음을 본받게 되면 우리 역시 예수님과 같은 성품을 갖게 됩니다. 이것이 곧 예수님과 같은 영성으로 예수님을 따라가는 제자의 영성입니다. 우리는 예수님이 사신 것과 똑같이 살아야 합니다(요일2:6).
그렇다면 우리가 어떻게 해야 예수님의 마음을 가지고 예수님의 성품을 나타내며 사는 예수 닮은 예수 제자가 될 수 있을까요?
우리가 믿음으로 거듭날 때 예수님의 생명이 내 안에 들어왔으며 새로운 생명으로 말미암아 옛 사람의 본성이 끝이 나고 새 사람의 거룩한 본성으로 교체가 되었습니다. 그리고 우리 안에 있는 생명이 자

랄 때 주님의 거룩한 본성이 우리의 마음과 생각을 적시게 되고 밖으로 흘러나오게 됩니다. 이 때 우리의 모습이 예수님의 온유와 겸손의 성품으로 나타나게 됩니다. 이것이 바로 '생명의 영성'이며 성령 충만한 삶입니다. 그리고 이렇게 되는 과정이 '생명의 성령의 법'입니다.

앞에서 말한 바 있는 제자의 자격을 갖추는 것도 사람의 노력으로 되는 것이 아니라 생명의 성령의 법으로 가능해집니다. 종합적으로 말하면 생명의 성령의 법을 통해서 생명의 영성으로 충만한 삶을 살게 되며 그 결과 참 제자의 길을 걷게 됩니다. 제자의 길은 자기를 부인하고 자기 십자가를 지고 주님을 따르는 길인데(마16:24), 이것 역시 생명의 영성이 충만할 때 가능합니다.

재생산 제자사역

하나님께서 사람을 지으실 때 "생육하고 번성하라"(창1:28)고 하셨습니다. 세상의 인구 숫자가 생육하고 번성되어 가듯이 제자사역 역시 생육하고 번성되어가야 합니다. 재생산을 통한 제자 번식이 성경적 제자사역이며 세계선교를 위한 최선의 방법입니다. 'Born to Reproduce - 재생산을 위해서 태어났다'라는 말이 있듯이 우리가 거듭난 것은 또 다른 사람을 거듭나게 하고 제자 되게 하기 위한 것입니다.

"또 네가 많은 증인 앞에서 내게 들은 바를 충성된 사람들에게 부탁하라 그들이 또 다른 사람들을 가르칠 수 있으리라"(디모데후서 2:2)

바울이 디모데에게, 디모데가 충성된 사람에게, 그리고 충성된 사람이 또 다른 사람에게 가르치는 과정을 통해서 제자를 번식해 나가는 것이 재생산 제자사역입니다. 제자가 되고 제자를 삼고 또 제자를 삼게 하는 재생산 제자사역은 가장 성경적인 제자사역 방법이며 이 시대가 요청하는 세계복음화 전략입니다.

"예수께서 나아와 말씀하여 이르시되 하늘과 땅의 모든 권세를 내게 주셨으니 그러므로 너희는 가서 모든 민족을 제자로 삼아 아버지와 아들과 성령의 이름으로 세례(침례)를 베풀고 내가 너희에게 분부한 모든 것을 가르쳐 지키게 하라 볼지어다 내가 세상 끝날까지 너희와 항상 함께 있으리라 하시니라"(마태복음 28:18~20)

> ▶ 묵상과 나눔
>
> 1. 제자의 의미는?
> 2. 참 제자의 자격은 무엇입니까?
> 3. 제자의 영성은 어떠해야 합니까?
> 4. 재생산 제자사역에 대하여 나누어 봅시다.

「복음의 본질과 생명의 영성을」 읽은 후
주님께 드리고 싶은 기도

망망한 바다 한가운데서 배 한 척이 침몰하게 되었습니다.
모두 구명보트에 옮겨 탔지만 한 사람이 보이지 않았습니다.
절박한 표정으로 안절부절 못하는 성난 무리 앞에 급히 달려 나온 선원이
손바닥을 펴 보이며 말했습니다.
"모두들 나침반을 잊고 나왔기에 … "
분명, 나침반이 없었다면 그들은 끝없이 바다 위를 표류할 수밖에 없을 것입니다.

삶의 바다를 항해하는 모든 이들을 위하여 우리는 그 나침반의 역할을 하고 싶습니다.
우리를 구원하신 위대한 주 예수 그리스도를 널리 전하고 싶습니다.

"하나님은 모든 사람이 구원을 받으며 진리를 아는 데에 이르기를 원하시느니라"
(디모데전서 2장 4절)

복음의 본질과 생명의 영성

지은이 | 장영출 목사
발행인 | 김용호
발행처 | 나침반출판사

1판 발행 | 2015년 5월 30일

등 록 | 1980년 3월 18일 / 제 2-32호
주 소 | 157-861 서울 강서구 염창동 240-21
　　　　블루나인 비즈니스센터 B동 1607호
전 화 | 본　사(02)2279-6321
　　　　영업부(031)932-3205
팩 스 | 본　사(02)2275-6003
　　　　영업부(031)932-3207

홈페이지 | www.nabook.net
이 메 일 | nabook@korea.com
　　　　　nabook@nabook.net

ISBN 978-89-318-1497-2
책번호 나-2028

값은 뒷표지에 있습니다.